DON Y MISTERIO

«La comunidad de los sacerdotes, enraizada en una verdadera *fraternidad sacerdotal,* constituye un ambiente de primera importancia por la formación espiritual y pastoral»

JUAN PABLO II

DON Y MISTERIO

En el quincuagésimo aniversario
de mi sacerdocio

 ARQUIDIOCESIS PRIMADA DE MEXICO

Titulo original: *Dono e misterio*
Diseño de la portada: Carlos Varela

Primera edición U.S.A.: Marzo, 1997

Printed in Mexico - Impreso en México
Distributed by B.D.D.

ISBN: 0-553-06064-3

DON Y MISTERIO

Don y misterio es un nombre muy adecuado para referirse al desarrollo de una vida marcada por una vocación sacerdotal. Este binomio recoge las dos grandes características de una vocación.

La vocación es ante todo una llamada de Dios. Resulta un misterio el hecho de que un Ser invisible pueda tocar tan claramente el corazón del hombre, pero esta es la experiencia que se constata en cada vocación, en cada hombre o mujer consagrado que percibe aquella frase del Evangelio: "ven y sígueme". El Evangelio no nos dice que los apóstoles fueron elegidos por votación entre el grupo de seguidores de Jesús, sino que Jesucristo, después de pasar la noche en oración, llamó a un puñado de hombres para que le siguieran y fueran sus testigos en el mundo. Este es el fundamento de toda vocación: un seguimiento de Cristo en el amor que responde a una invitación amorosa de Dios. La vocación es un misterio sobrenatural que pide una respuesta libre desde la fe.

Otro elemento que refleja esta autobiografía del Papa es la consideración de la vocación como un don, una auténtica entrega generosa de Sí mismo que Dios hace al hombre. El amor es precisamente donación, darse al amado y eso hace Dios en toda vocación, y mucho más en la vocación sacerdotal. Dios se pone en las manos de un hombre pecador perdonando a través de él, entregándose a sus hermanos en el pan y en el vino hechos su Cuerpo y su Sangre, bautizando en él, ungiendo en él. Muchas veces se ve la vocación como una entrega generosa de sí mismo que el hombre hace a Dios, pero hay que contemplar también esta dimensión de la vocación como don para tener una visión completa. El seguimiento de Cristo y el poder perseverar en él es un don de Dios.

La vocación es como una escalada. Alcanzar una cima requiere dejar la comodidad de la casa, el calor del hogar, y lanzarse con esfuerzo a vencer los obstáculos que nos plantea la ascensión a una cumbre. El camino es difícil y a veces se siente el peso del calor o del frío de la montaña, se recuerda la comodidad del hogar, pero la cumbre nos sigue atrayendo, el ideal nos llama con fuerza, el ideal del seguimiento de Cristo. Desde la cumbre, las cosas se ven de otra forma y así el esfuerzo vale la pena. Este libro es eso, la escalada de un alma hacia Dios venciendo obstáculos, luchando, guiado siempre por el amor, por el deseo de alcanzar un ideal.

Ojalá que este libro sirva para que el testimonio del Papa despierte en muchos corazones el deseo de seguir a Cristo en la vida consagrada y en el sacerdocio, tan necesarios hoy para nuestra Iglesia.

+NORBERTO RIVERA CARRERA
ARZOBISPO PRIMADO DE MEXICO

DON Y MISTERIO

INTRODUCCION

*P*ermanece vivo en mi recuerdo el encuentro gozoso que, por iniciativa de la Congregación para el Clero, tuvo lugar en el Vaticano en el otoño del pasado año (27 de octubre de 1995), para celebrar el trigésimo aniversario del Decreto conciliar *Presbyterorum Ordinis*. En el ambiente festivo de aquella asamblea diversos sacerdotes hablaron de su vocación, y también yo ofrecí mi propio testimonio. Me pareció hermoso y fructífero que, entre sacerdotes, ante el pueblo de Dios, se ofreciera este servicio de edificación recíproca.

Las palabras que pronuncié en aquella circunstancia tuvieron un eco muy grande. A raíz de ello, desde varias partes se me pidió con insistencia que volviera a tratar, de un modo más amplio, el tema de mi vocación, con ocasión del Jubileo sacerdotal.

Confieso que la propuesta, al principio, suscitó en mí alguna resistencia comprensible. Pero después me sentí como obligado a aceptar la invitación, viendo en ello un aspecto del servicio propio del ministerio petrino. Movido por algunas preguntas del Dr. Gian Franco Svidercoschi que han hecho de hilo conductor, me he dejado llevar con libertad por la ola de recuerdos, sin ninguna pretensión estrictamente documental.

Todo lo que digo aquí, más allá de los aconteci-mientos históricos, pertenece a mis raíces más profundas, a mi experiencia más íntima. Lo recuerdo ante todo para dar gracias al Señor: "Misericordias Domini in aeternum cantabo!". Lo ofrezco a los sacerdotes y al pueblo de Dios como testimonio de amor.

1.

EN LOS COMIENZOS... ¡EL MISTERIO!

¿Cuál es la historia de mi vocación sacerdotal? La conoce sobre todo Dios. En su dimensión más profunda, toda vocación sacerdotal es *un gran misterio, es un don* que supera infinitamente al hombre. Cada uno de nosotros sacerdotes lo experimenta claramente durante toda la vida. Ante la grandeza de este don sentimos cuán indignos somos de ello.

La vocación es *el misterio de la elección divina*: "No me habéis elegido vosotros a mí, sino que yo os he elegido a vosotros, y os he destinado para que vayáis y deis fruto, y que vuestro fruto permanezca" (Jn 15, 16). "Y nadie se arroga tal dignidad, sino el llamado por Dios, lo mismo que Aarón" (Hb 5, 4). "Antes de haberte formado yo en el seno materno, te conocía, y antes que nacieses, te tenía consagrado: yo profeta de las naciones te constituí" (Jr 1, 5). Estas palabras inspiradas estremecen profundamente toda alma sacerdotal.

Wadowice, iglesia parroquial dedicada
a la Presentación de la Virgen María.

Por eso, cuando en las más diversas circunstancias -por ejemplo, con ocasión de los Jubileos sacerdotales- hablamos del sacerdocio y damos testimonio del mismo, debemos hacerlo con gran humildad, conscientes de que Dios "nos ha llamado con una vocación santa, no por nuestras obras, sino por su propia determinación y por su gracia" (2 Tm 1,9). Al mismo tiempo, nos damos cuenta de *que las palabras humanas no son capaces de abarcar la magnitud del misterio* que el sacerdocio tiene en sí mismo.

Esta premisa me parece indispensable para que se pueda comprender de modo justo lo que voy a decir sobre mi camino hacia el sacerdocio.

Las primeras señales de la vocación

El Arzobispo Metropolitano de Cracovia, Príncipe Adam Stefan Sapieha, visitó la parroquia de Wadowice cuando yo era estudiante en el instituto. Mi profesor de religión, P. Edward Zacher, me encargó darle la bienvenida. Así, tuve entonces la primera ocasión de encontrarme frente a aquel hombre tan venerado por todos. Sé que, después de mi discurso, el Arzobispo preguntó al profesor de religión qué facultad elegiría yo al terminar el instituto. El P. Zacher respondió: "Estudiará filología polaca". El Prelado comentó: "Lástima que no sea teología".

En ese periodo de mi vida *la vocación sacerdotal no estaba aún madura,* a pesar de que a mi alrededor eran muchos los que creían que debía entrar en el seminario. Y tal vez alguno pudo pensar que, si un joven con tan claras inclinaciones religiosas no entraba en el seminario, era señal de que otros amores o aspiraciones estaban en juego. En efecto, en la escuela tenía muchas compañeras y, comprometido como estaba en el círculo teatral escolar, no faltaban diversas posibilidades de encuentros con chicos y chicas. Sin embargo, el problema no era éste. En aquel tiempo estaba fascinado sobre todo por la *literatura,* en particular por la *dramática,* y por el *teatro.* A este último me había iniciado Mieczyslaw Kotlarczyk, profesor de lengua polaca, mayor que yo en edad. El era un verdadero pionero del teatro de aficionados y tenía grandes ambiciones de un repertorio de calidad.

Los estudios en la Universidad Jaghellonica

En mayo de 1938, superado el examen final de los estudios en el instituto, me inscribí en la Universidad Jaghellonica para realizar los cursos de Filología polaca. Por este motivo me trasladé, junto con mi padre, desde Wadowice a Cracovia. Nos instalamos en la calle Tyniecka 10, en el barrio de Debniki. La casa pertenecía a los parientes de mi madre. Comencé los estudios en la *Facultad de Filosofía de la Universidad Jaghellonica,* siguiendo los cursos de Filología polaca, pero sólo logré acabar el primer año, porque el 1 de septiembre de 1939 estalló la segunda guerra mundial.

12

A propósito de los estudios, deseo subrayar que mi elección de la filología polaca estaba motivada por una clara predisposición hacia la literatura. Sin embargo, ya durante el primer año, atrajo mi atención *el estudio de la lengua misma*. Estudiábamos la gramática descriptiva del polaco moderno y al mismo tiempo la evolución histórica de la lengua, con un particular interés por el viejo tronco eslavo. Esto me introdujo en horizontes completamente nuevos, por no decir *en el misterio mismo de la palabra*.

La palabra, antes de ser pronunciada en el escenario, vive en la historia del hombre como dimensión fundamental de su experiencia espiritual. En última instancia, remite al *insondable misterio de Dios mismo*. El redescubrir la palabra a través de los estudios literarios y lingüísticos, me acercaba al misterio de la Palabra, de esa Palabra a la cual nos referimos cada día en la oración del *Angelus:* "La Palabra se hizo carne, y puso su Morada entre nosotros" (Jn 1, 14). Comprendí más tarde que los estudios de filología polaca preparaban en mí el terreno para otro tipo de intereses y de estudios. Predisponían mi ánimo para acercarme a la filosofía y a la teología.

El estallido de la segunda guerra mundial

Pero volvamos al 1 de septiembre de 1939. El estallido de la guerra cambió de modo radical la marcha de mi vida. Verdaderamente los profesores de la

Wadowice, casa paterna de Su Santidad Juan Pablo II.

Universidad Jaghellonica intentaron comenzar de todos modos el nuevo año académico, pero las clases duraron sólo hasta el 6 de noviembre de 1939. En ese día las autoridades alemanas convocaron a todos los profesores a una asamblea que acabó con la deportación de aquellos respetables hombres de ciencia al campo de concentración de Sachsenhausen. Acababa así en mi vida el período de los estudios de filología polaca y *comenzaba la fase de la ocupación alemana*, durante la cual al principio intenté leer y escribir mucho. Precisamente a esa época se remontan mis primeros trabajos literarios.

Para evitar la deportación a trabajos forzados en Alemania, en el otoño de 1940 empecé a trabajar como *obrero en una cantera de piedra* vinculada a la fábrica química Solvay. Estaba situada en Zakrzówek, a casi media hora de mi casa de Debniki, e iba andando hasta allí cada día. En aquella cantera escribí una poesía. Releyéndola después de tantos años, la encuentro aún particularmente expresiva de aquella singular experiencia:

"Escucha bien, escucha los golpes del martillo,
la sacudida, el ritmo. El ruido te permite
sentir dentro la fuerza, la intensidad del golpe.
Escucha bien, escucha, eléctrica corriente
de río penetrante que corta hasta las piedras,
y entenderás conmigo que toda la grandeza
del trabajo bien hecho es grandeza del hombre..."

(La cantera: I Materia, 1)

15

Estaba presente cuando, durante el estallido de una carga de dinamita, las piedras golpearon a un obrero y lo mataron. Quedé profundamente desconcertado:

"Levantaron el cuerpo, en silencio avanzaban.
Abatidos, sentían en todos el agravio..."

(La cantera: IV En memoria
de un compañero de trabajo, 2.3)

Los responsables de la cantera, que eran polacos, trataban de evitarnos a los estudiantes los trabajos más pesados. A mí, por ejemplo, me asignaron el encargo de ayudante del llamado barrenero, de nombre Franciszek Labus. Lo recuerdo porque, algunas veces, se dirigía a mí con palabras de este tipo: "Karol, tu deberías ser sacerdote. Cantarás bien, porque tienes una voz bonita y estarás bien..." Lo decía con toda sencillez, expresando de ese modo un convencimiento muy difundido en la sociedad sobre la condición del sacerdote. Las palabras del viejo obrero se me han quedado grabadas en la memoria.

El teatro de la palabra viva

En aquella época estuve en contacto con el *teatro de la palabra viva*, que Mieczyslaw Kotlarczyk había fundado y continuaba animando en la clandestinidad. La dedicación al teatro fue favorecida al principio por el hecho de haber hospedado en mi casa a Kotlarczyk y a su mujer Sofía, que habían logrado pasar de

Wadowice a Cracovia, al territorio del "Gobierno General". Vivíamos juntos. Yo trabajaba como obrero, él primero como tranviario y después como empleado en una oficina. Compartiendo la misma casa, podíamos no sólo continuar con nuestras conversaciones sobre el teatro, sino incluso realizar actuaciones concretas, que tenían precisamente el carácter de teatro de la palabra. Era un teatro muy sencillo. La parte escénica y decorativa estaba reducida al mínimo; la actuación consistía esencialmente en la recitación del texto poético.

Las representaciones tenían lugar ante un grupo reducido de conocidos e invitados, que demostraban un interés específico por la literatura y eran, de algún modo, "iniciados". Era indispensable mantener el secreto sobre estos encuentros teatrales, pues de lo contrario se corría el riesgo de graves sanciones por parte de las autoridades de la ocupación, sin excluir la deportación a los campos de concentración. He de admitir que toda aquella experiencia teatral ha quedado profundamente grabada en mi espíritu, a pesar de que en un cierto momento de mi vida me di cuenta de que, en realidad, *no era esa mi vocación.*

Cracovia, *Collegium Maius* (Colegio Mayor)
de la Universidad de Jaghellonica.

2.

LA DECISIÓN
DE ENTRAR EN EL SEMINARIO

En el otoño de 1942 tomé la *decisión definitiva* de entrar en el seminario de Cracovia, que funcionaba clandestinamente. Me recibió el Rector, P. Jan Piwowarczyk. El hecho debía quedar en la más absoluta reserva, incluso para las personas más allegadas. Comencé los estudios en la Facultad teológica de la Universidad Jaghellonica, también clandestina, mientras continuaba trabajando como obrero en la Solvay.

Durante el período de la ocupación el Arzobispo Metropolitano estableció el seminario, siempre de modo clandestino, en su residencia. Esto podía desencadenar en cualquier momento, tanto para los superiores como para los alumnos, severas represiones por parte de las autoridades alemanas. Permanecí en este seminario peculiar, al lado del amado Príncipe Metropolitano, desde septiembre de 1944 y allí pude estar junto con mis compañeros hasta el 18 de enero de 1945, el día -o mejor dicho, la noche- de la liberación. En efecto, fue durante la noche cuando la Armada Roja llegó a los alrededores de Cracovia. Los Alemanes, en retirada, hicieron explotar el puente Debnicki. Recuerdo aquella terrible detonación: la onda expansiva rompió todos los cristales de las ventanas de la residencia arzobispal. En aquel momento nos encontrábamos en la capilla para una celebración en la que participaba el Arzobispo. El día siguiente nos dimos prisa en reparar los daños.

Pero voy a volver a los largos meses que precedieron a la liberación. Como he dicho, vivía con otros jóvenes en la residencia del Arzobispo. Este nos había presentado desde el primer momento a un joven sacerdote, que sería nuestro Padre espiritual. Se trataba del P. Stanislaw Smolenski, doctorado en Roma y hombre de una gran espiritualidad; hoy es Obispo auxiliar emérito de Cracovia. El P. Smolenski comenzó con nosotros un trabajo regular de preparación para el sacerdocio. Al principio teníamos como superior sólo a un prefecto, el P. Kazimierz Klósak, que había realizado sus estudios en Lovaina y era profesor de filosofía. Por su ascesis y bondad suscitaba en todos nosotros una gran estima y admiración. Daba cuentas de su trabajo directamente al Arzobispo, del cual dependía también de modo directo, por lo demás, nuestro mismo seminario clandestino. Después de las vacaciones veraniegas del año 1945, el P. Karol Kozlowski, procedente de Wadowice, antiguo Padre espiritual del seminario en el período anterior a la guerra, fue llamado a sustituir al P. Jan Piwowarczyk como Rector del seminario en el que había transcurrido casi toda la vida.

Se completaban así los años de la formación del seminario. Los dos primeros, aquéllos que en el *curriculum* de los estudios se dedican a la filosofía, los había cursado de modo clandestino, trabajando como obrero. Los años sucesivos, 1944 y 1945, fueron testigos de mi creciente dedicación en la Universidad Jaghellonica, aun cuando el primer año después de la guerra fue muy incompleto. El curso académico 1945/46 fue normal. En la Facultad teológica tuve la suerte de conocer algunos profesores eminentes, como el P. Wladyslaw Wicher, profesor de teología moral, y el P. Ignacy Rózycki, profesor de teología dogmática, el cual me introdujo en la metodología científica en teología. Hoy abrazo con un recuerdo lleno de gratitud a todos mis Superiores, Padres espirituales y Profesores, que en el período del seminario contribuyeron a mi formación. ¡Que el Señor recompense sus esfuerzos y sacrificios!

A comienzos del quinto año, el Arzobispo decidió que me trasladara a Roma para completar los estudios. Fue así como, anticipándome a mis compañeros, *fui ordenado sacerdote el 1 de noviembre de 1946.* Aquel año nuestro grupo era, naturalmente, poco numeroso: en total éramos siete. Hoy vivimos solamente tres. El hecho de ser pocos tenía sus ventajas: permitía estrechar lazos profundos de conocimiento recíproco y de amistad. Esto se podía decir también, de algún modo, de las relaciones con los Superiores y Profesores, tanto en el período de la clandestinidad como en el breve tiempo de los estudios oficiales en la Universidad.

Las vacaciones de seminarista

Desde el momento en que entré en contacto con el seminario comenzó para mí un nuevo modo de pasar las vacaciones. Fui enviado por el Arzobispo *a la parroquia de Raciborowice,* en los alrededores de Cracovia. He de expresar profunda gratitud al párroco, P. Józef Jamróz, y a los vicarios de esa parroquia, que se convirtieron en compañeros de vida de un joven seminarista clandestino. Recuerdo en particular al P. Franciszek Szymonek, que más tarde, en tiempos del terror estalinista, fue acusado y sometido a proceso con objeto de aleccionar a la Curia arzobispal de Cracovia: fue condenado a muerte. Por suerte, poco después fue absuelto. Recuerdo también al P. Adam Biela, un compañero del instituto de Wadowice de más edad que yo. Gracias a estos jóvenes sacerdotes tuve la posibilidad de conocer la vida cristiana de toda la parroquia.

Algún tiempo después, en el territorio del pueblo de Bienczyce, que pertenecía a la parroquia de Raciborowic, surgió un gran barrio llamado Nowa Huta. Pasé allí muchos días durante las vacaciones, tanto en el año 1944 como en el 1945, ya acabada la guerra. Permanecía mucho tiempo en la vieja iglesia de Raciborowice, que se remontaba aún a los tiempos de Jan Dlugosz. Dedicaba muchas horas a la meditación paseando por el cementerio. Había traído a Raciborowice mi material de estudio: los volúmenes de Santo Tomás con los comentarios. Aprendía la teología, por decirlo así, desde el "centro" de una gran tradición teológica. Empecé entonces a escribir un trabajo sobre San Juan de la Cruz que continué después bajo la dirección del P. Ignacy Rózycki, profesor en la Universidad de Cracovia apenas fue abierta de nuevo. Completé el estudio a continuación en el *Angelicum*, bajo la guía del P. Prof. Garrigou Lagrange.

El Cardenal Adam Stefan Sapieha

En todo nuestro proceso formativo hacia el sacerdocio ejerció un influjo *relevante la gran figura del Príncipe Metropolitano,* futuro Cardenal Adam Stefan Sapieha, para el cual tengo un recuerdo emocionado y agradecido. Su prestigio había crecido por el hecho de que, en el período de transición antes de la reapertura del seminario, habitábamos en su residencia y lo veíamos cada día. El Metropolitano de Cracovia fue elevado a la dignidad cardenalicia inmediatamente después del final de la guerra, a una edad ya muy avanzada. Toda la población acogió este nombramiento como un justo reconocimiento de los méritos de aquel gran hombre, que durante la ocupación alemana había sabido mantener alto el honor de la Nación, demostrando la propia dignidad de modo claro para todos.

Recuerdo aquel día de marzo -estábamos en Cuaresma- cuando el Arzobispo regresó de Roma después de haber recibido el capelo cardenalicio. Los estudiantes levantaron en brazos su automóvil y lo llevaron durante un buen trecho hasta la Basílica de la Asunción en la Plaza del Mercado, manifestando de ese modo el entusiasmo religioso y patriótico que tal nombramiento cárdenalicio había suscitado en la población.

Cracovia, portón del palacio arzobispal.

3.

INFLUENCIAS EN MI VOCACIÓN

He hablado ampliamente del ambiente del seminario porque éste fue ciertamente el que tuvo mayor incidencia en mi vocación sacerdotal. Sin embargo, dirigiendo la mirada hacia un horizonte más amplio, veo con claridad que, desde tantos otros ambientes y personas, he recibido influjos positivos, por medio de los cuales Dios me ha hecho oír su voz.

La familia

La preparación para el sacerdocio, recibida en el seminario, fue *de algún modo precedida* por la que me ofrecieron mis padres con su vida y su ejemplo *en familia*. Mi reconocimiento es sobre todo para *mi padre,* que enviudó muy pronto. No había recibido aún la Primera Comunión cuando perdí a mi madre: apenas tenía 9 años. Por eso, no tengo conciencia clara de la contribución, seguramente grande, que ella dio a mi educación religiosa. Después de su muerte y, a continuación, después de la muerte de mi hermano mayor, quedé solo con mi padre que era un hombre profundamente religioso. Podía observar cotidianamente su vida, que era muy austera. Era militar de profesión y, cuando enviudó, su vida fue de constante oración. Sucedía a veces que me despertaba de noche y encontraba a mi padre arrodillado, igual que lo veía siempre en la iglesia parroquial. Entre nosotros no se hablaba de vocación al sacerdocio, pero *su ejemplo fue para mí en cierto modo el primer seminario,* una especie de seminario doméstico.

La fábrica Solvay

Después, pasados los años de la primera juventud, *la cantera de piedra y el depurador del agua* en la fábrica de bicarbonato en Borek Falecki se convirtieron para mí en seminario. No se trataba ya únicamente del *pre-seminario,* como en Wadowice. La fábrica fue para mí, en aquella etapa de mi vida, un verdadero seminario, aunque clandestino. Había comenzado a trabajar en la cantera en septiembre de 1940; un año después pasé al depurador de agua en la fábrica. Fue en aquellos años cuando maduró mi decisión definitiva. En otoño de 1942 comencé los estudios en el seminario clandestino como exalumno de filología polaca, siendo obrero en la Solvay. No me daba cuenta de la importancia que todo ello tendría para mí. Unicamente más tarde, ya sacerdote, durante los estudios en Roma, conociendo a través de mis compañeros del Colegio Belga el problema de los sacerdotes obreros y el movimiento de la Juventud Obrera Católica (JOC), comprendí que lo que había llegado a ser tan importante para la Iglesia y para el sacerdocio en Occidente -el contacto con el mundo del trabajo- yo lo había ya adquirido en mi experiencia de vida.

En realidad, mi experiencia no fue la de "sacerdote-obrero" sino de "seminarista-obrero". Por el trabajo manual sabía bien lo que significaba el cansancio físico. Encontraba cada día gente que realizaba duros trabajos. Conocí su ambiente, sus familias, sus intereses, su valor humano y su dignidad. Perso-nalmente noté mucha cordialidad por su parte. Sabían que yo era estudiante y sabían también que, en cuanto las circunstancias lo permitieran, volvería a los estudios. Nunca vi hostilidad por ese motivo. No les molestaba que llevase los libros al trabajo. Decían: "Nosotros estaremos atentos: tú lee". Esto sucedía sobre todo durante los turnos de noche. Decían frecuentemente: "Descansa, nosotros estaremos de guardia".

Hice amistad con muchos obreros. A veces me invitaban a su casa. Después, como sacerdote y como obispo, bauticé a sus hijos y nietos, bendije sus matrimonios y oficié los funerales de muchos de ellos. Tuve oportunidad de conocer cuántos sentimientos religiosos había en ellos y cuánta sabiduría de vida. Estos contactos, como he dicho, siguieron siendo muy estrechos incluso cuando acabó la ocupación alemana y también después, prácticamente hasta mi elección como Obispo de Roma. Algunos duran todavía por medio de correspondencia.

La parroquia de Debniki: los Salesianos

Debo nuevamente volver atrás, al período anterior a la entrada en el seminario. En efecto, no puedo omitir el recuerdo de un ambiente y, en éste, de un personaje de quien recibí verdaderamente mucho en ese período. El ambiente era el *de mi parroquia,* dedicada a San Estanislao de Kostka, en Debniki, Cracovia. La parroquia estaba dirigida por los Padres Salesianos, los cuales un día fueron deportados por los nazis a un campo de concentración. Unicamente quedaron un viejo párroco y el inspector provincial, pues todos los demás fueron internados en Dachau. Creo que el *ambiente salesiano* ha tenido un papel importante en el proceso de formación de mi vocación.

En el ámbito de la parroquia había una persona que se distinguía sobre las demás: me refiero a *Jan Tyranowski.* Era empleado de profesión, aunque había decidido trabajar en la sastrería de su padre. Afirmaba que su trabajo de sastre le hacía más fácil la vida interior. Era un hombre de una espiritualidad particularmente profunda. Los Padres Salesianos, que en aquel período difícil habían reemprendido con valentía la animación de la pastoral juvenil, le encargaron la tarea de establecer contactos con los jóvenes del círculo del llamado "Rosario vivo". Jan Tyranowski llevó a cabo esta tarea no ciñéndose únicamente al aspecto organizativo, sino preocupándose también de la formación espiritual de los jóvenes que entraban en contacto con él. Aprendí así los métodos elementales de autoformación que se vieron después confirmados y desarrollados en el proceso educativo del seminario. Tyranowski, que se estaba formando en los escritos de San Juan de la Cruz y de Santa Teresa de Avila, me introdujo en la lectura, extraordinaria para mi edad, de sus obras.

Los Padres Carmelitas

Esto acrecentó en mí el interés por la espiritualidad carmelitana. En Cracovia, en la calle Rakowicka, había un monasterio de *Padres Carmelitas Descalzos*. Tenía contactos con ellos y una vez hice allí mis Ejercicios Espirituales, con la ayuda del P. Leonardo de la Dolorosa.

Durante un cierto tiempo consideré la posibilidad de entrar en el Carmelo. Las dudas fueron resueltas por el Arzobispo Cardenal Sapieha, quien -con el estilo que lo caracterizaba- dijo escuetamente: "Es preciso acabar antes lo que se ha comenzado". Y así fue.

El P. Kazimierz Figlewicz

Durante aquellos años *mi confesor y guía espiritual* fue el P. Kazimierz Figlewicz. Me encontré con él la primera vez cuando cursaba el primer año de instituto en Wadowice. El P. Figlewicz, que era vicario de la parroquia de Wadowice, nos enseñaba religión. Gracias a él me acerqué a la parroquia, fui monaguillo y en

Kalwaria Zebrzydowska, Santuario mariano.

cierto modo organicé el grupo de monaguillos. Cuando dejó Wadowice para ir a la catedral del Wawel, continué manteniendo contacto con él. Recuerdo que, durante el quinto curso del instituto, me invitó a Cracovia para participar en el *Triduum Sacrum,* que empezaba con el llamado "Oficio de Tinieblas", en la tarde del Miércoles Santo. Fue ésta una experiencia que dejó en mí una huella profunda.

Cuando, después del examen final, me trasladé con mi padre a Cracovia, intensifiqué la relación con el P. Figlewicz, que ejercía el cargo de vicecustodio de la catedral. Iba a confesarme con él y, durante la ocupación alemana, muchas veces lo visitaba.

Aquel 1 de septiembre de 1939 no se borrará nunca de mí recuerdo: era el primer viernes de mes. Había ido a Wawel para confesarme. La catedral estaba vacía. Fue, quizás, la última vez que pude entrar libremente en el templo. Después fue cerrado. El castillo real de Wawel se convirtió en la sede del Gobernador General Hans Frank. El P. Figlewicz era el único sacerdote que podía celebrar la Santa Misa, dos veces por semana, en la catedral cerrada y bajo la vigilancia de policías alemanes. En aquellos tiempos difíciles fue aún más claro lo que significaban para él la catedral, las tumbas reales, el altar de San Estanislao, obispo y mártir. El P. Figlewicz fue hasta la muerte fiel custodio de aquel particular santuario de la Iglesia y de la Nación, inculcándome un amor grande por el templo del Wawel, que un día llegaría a ser mi catedral episcopal.

El 1 de noviembre de 1946 fui ordenado sacerdote. El día siguiente, en la "Primera Santa Misa", celebrada en la catedral, en la cripta de San Leonardo, el P. Figlewicz, estaba a mi lado y me hacía de asistente. El piadoso Prelado falleció hace algunos años. Sólo el Señor puede compensarlo por todo el bien que de él recibí.

La "trayectoria mariana"

Naturalmente, al referirme a los orígenes de mi vocación sacerdotal, *no puedo olvidar la trayectoria mariana*. La veneración a la Madre de Dios en su forma tradicional me viene de la familia y de la parroquia de Wadowice. Recuerdo, en la iglesia parroquial, una capilla lateral dedicada a la Madre del Perpetuo Socorro a la cual por la mañana, antes del comienzo de las clases, acudían los estudiantes del instituto. También, al acabar las clases, en las horas de la tarde, iban muchos estudiantes para rezar a la Virgen.

Además, en Wadowice, había sobre la colina un monasterio carmelita, cuya fundación se remontaba a los tiempos de San Rafael Kalinowski. Muchos habitantes de Wadowice acudían allí, y esto tenía su reflejo en la *difundida devoción al escapulario de la Virgen del Carmen*. También yo lo recibí, creo que cuando tenía diez años, y aún lo llevo. Se iba a los Carmelitas también para las confesiones. De ese modo, tanto en la iglesia parroquial, como en la del Carmen, se formó mi devoción mariana durante los años de la infancia y de la adolescencia hasta la superación del examen final.

Cuando me encontraba en Cracovia, en el barrio Debniki, entré en el grupo del "Rosario vivo", en la parroquia salesiana. Allí se veneraba de modo especial a María Auxiliadora. En Debniki, en el período en el que iba tomando fuerza mi vocación sacerdotal, gracias también al mencionado influjo de Jan Tyranowski, mi manera de entender el culto a la Madre de Dios experimentó un cierto cambio. Estaba ya convencido de que *María nos lleva a Cristo,* pero en aquel período empecé a entender que *también Cristo nos lleva a su Madre.* Hubo un momento en el cual me cuestioné de alguna manera mi culto a María, considerando que éste, si se hace excesivo, acaba por comprometer la supremacía del culto debido a Cristo. Me ayudó entonces el libro de San Luis María Grignon de Montfort titulado "Tratado de la verdadera devoción a la Santísima Virgen". En él encontré la respuesta a mis dudas. Efectivamente, María nos acerca a Cristo, con tal de que se viva su misterio en Cristo. El tratado de San Luis María Grignon de Montfort puede cansar un poco por su estilo un tanto enfático y barroco, pero la esencia de las verdades teológicas que contiene es incontestable. El autor es un teólogo notable. Su pensamiento mariológico está basado en el Misterio trinitario y en la verdad de la Encarnación del Verbo de Dios.

Comprendí entonces por qué la Iglesia reza el *Angelus* tres veces al día. Entendí lo cruciales que son las palabras de esta oración: "El Angel del Señor anunció a María. Y Ella concibió por obra del Espíritu Santo... He aquí la esclava del Señor. Hágase en mí según tu palabra... Y el Verbo se hizo carne y habitó entre nosotros...". ¡Son palabras verdaderamente decisivas! Expresan el núcleo central del acontecimiento más grande que ha tenido lugar en la historia de la humanidad.

Esto explica el origen del "Totus Tuus". La expresión deriva de San Luis María Grignon de Montfort. Es la abreviatura de la forma más completa de la consagración a la Madre de Dios, que dice: *"Totus tuus ego sum et ommia mea Tua sunt. Accipio Te in mea omnia. Praebe mihi cor Tuum, Maria"*.

De ese modo, gracias a San Luis, empecé a descubrir todas las riquezas de la devoción mariana, desde una perspectiva en cierto sentido mueva. Por ejemplo, cuando era niño escuchaba "Las Horas de la Inmaculada Concepción de la Santísima Virgen María", cantadas en la iglesia parroquial, pero sólo después me di cuenta de la riqueza teológica y bíblica que contenían. Lo mismo sucedió con los cantos populares, por ejemplo con los cantos navideños polacos y las Lamentaciones sobre la Pasión de Jesucristo en Cuaresma, entre las cuales ocupa un lugar especial el diálogo del alma con la Madre Dolorosa.

Sobre la base de estas experiencias espirituales fue perfilándose *el itinerario de oración y contemplación* que orientó mis pasos en el camino hacia el sacerdocio, y después en todas las vicisitudes sucesivas hasta el día de hoy. Este itinerario desde niño, y más aún como sacerdote y como obispo, me llevaba frecuentemente por los senderos marianos de Kalwaria Zebrzydowska. Kalwaria es el principal santuario mariano de la Archidiócesis de Cracovia. Iba allí con frecuencia y caminaba en solitario por aquellas sendas presentando en la oración al Señor los diferentes problemas de la Iglesia, sobre todo en el difícil período que se vivía bajo el comunismo. Mirando hacia atrás constato cómo "todo está relacionado": hoy como ayer *nos encontramos con la misma intensidad en los rayos del mismo misterio.*

El Santo Fray Alberto

Me pregunto a veces qué papel ha desempeñado en mi vocación la *figura del Santo Fray Alberto.* Adam Chmielowski -éste era su nombre- no era sacerdote. Todos en Polonia saben quien fue. En el período de mi interés por el teatro rapsódico y por el arte, la figura de este hombre valiente, que había tomado parte en la "insurrección de enero" (1864) perdiendo una pierna durante los combates, tenía para mí una atracción espiritual particular. Como es sabido, Fray Alberto era pintor: había realizado sus estudios en Munich. El patrimonio artístico que dejó muestra que tenía un gran talento. Sin embargo, en un cierto momento de su vida este hombre rompe con el arte porque comprende que Dios lo llama a tareas más

Cracovia, escalera de acceso a la vivienda
de la calle Tyniecka, 10.

importantes. Conociendo el ambiente de los pobres de Cracovia, cuyo lugar de encuentro era el dormitorio público, llamado también "lugar de la calefacción", en la calle Krakowska, Adam Chmielowski decide convertirse en uno de ellos, no como el limosnero que llega desde fuera para distribuir dones, sino como uno que se da a sí mismo para servir a los desheredados.

Este fascinante ejemplo de sacrificio suscita muchos seguidores. Alrededor de Fray Alberto se reúnen hombres y mujeres. Nacen así dos Congregaciones, que se dedican a los más pobres. Todo esto sucedió en los comienzos de nuestro siglo, en el período anterior a la primera guerra mundial

Fray Alberto no pudo ver el momento en el que Polonia conquistó su independencia. Murió en Navidad de 1916. Sin embargo, su obra sobrevivió convirtiéndose en expresión de las tradiciones polacas de radicalismo evangélico, siguiendo las huellas de San Francisco de Asís y de San Juan de la Cruz.

En la historia de la espiritualidad polaca Fray Alberto ocupa un lugar especial. Para mí su figura fue determinante, porque encontré en él un *particular apoyo espiritual y un ejemplo* en mi alejamiento del arte, de la literatura y del teatro, *por la elección radical de la vocación al sacerdocio.* Una de las alegrías más grandes que he tenido como Papa ha sido la de elevar al honor de los altares a este pobrecito de Cracovia con hábito gris, primero con la beatificación en Blonie

Krakowskie durante el viaje a Polonia del año 1983, y después con la canonización en Roma en el mes de noviembre del memorable año 1989. Muchos autores de la literatura polaca han inmortalizado la figura de Fray Alberto. Entre las diversas obras artísticas, novelas y dramas, es digna de ser mencionada la monografía que le dedicó el P. Konstanty Michalski. También yo, siendo joven sacerdote, en la época en que era coadjutor en la iglesia de San Florián de Cracovia, le dediqué una obra dramática llamada "El Hermano de nuestro Dios", saldando así la gran deuda de gratitud que había contraído con él.

Experiencia de guerra

La maduración definitiva de mi vocación sacerdotal, como he dicho, tuvo lugar en el *período de la segunda guerra mundial,* durante la ocupación nazi. ¿Fue una simple coincidencia temporal? o ¿había un nexo más profundo entre lo que maduraba dentro de mí y el contexto histórico? Es difícil responder a tal pregunta. Es cierto que en los planes de Dios nada es casual. Lo que puedo afirmar es que la tragedia de la guerra dio un tinte particular al proceso de maduración de mi opción de vida. Me ayudó a percibir desde una nueva perspectiva *el valor y la importancia de la vocación.* Ante la difusión del mal y las atrocidades de la guerra era cada vez más claro para mí el sentido del sacerdocio y de su misión en el mundo.

El estallido de la guerra me alejó de los estudios y del ambiente universitario. En aquel período perdí a mi padre, la última persona que me quedaba de los familiares más íntimos. También esto suponía, objetivamente, *un proceso de alejamiento* de mis proyectos precedentes; en cierto modo era como desarraigarse del suelo en el cual hasta ese momento había crecido mi humanidad.

Pero no se trataba de un proceso únicamente negativo. En efecto, en mi conciencia contemporáneamente se manifestaba cada vez más una luz: *el Señor quiere que yo sea sacerdote.* Un día lo percibí con mucha claridad: era como una iluminación interior que traía consigo la alegría y la seguridad de una nueva vocación. Y esta conciencia me llenó de gran paz interior.

Esto ocurría durante los terribles acontecimientos que iban desarrollándose a mi alrededor en Cracovia, en Polonia, en Europa y en el mundo. Compartí directamente sólo una pequeña parte de cuanto mis compatriotas experimentaron desde 1939. Pienso, de modo particular, en mis coetáneos del instituto de Wadowice, amigos míos muy queridos, entre los cuales había varios judíos. Algunos eligieron el servicio militar en el año 1938. Parece que el primero que murió en la guerra fue el más joven de la clase. Después conocí sólo a grandes rasgos la suerte de otros caídos en varios frentes, o muertos en campos de concentración, o enviados a combatir en Tobruk y en Montecasino, o deportados a los territorios de la Unión Soviética: a

Rusia y Kazakistán. Supe estas noticias primero de forma gradual, y después de manera más completa en Wadowice, en el año 1948, con ocasión de la reunión de mis compañeros en el décimo aniversario del examen final.

Se me ahorró mucho del grande y horrendo *theatrum* de la segunda guerra mundial. Cada día hubiera podido ser detenido en casa, en la cantera o en la fábrica para ser llevado a un campo de concentración. A veces me preguntaba: si tantos coetáneos pierden la vida, *¿por qué yo no?* Hoy sé que no fue una casualidad. En el contexto del gran mal de la guerra, en mi vida personal todo llevaba hacia el bien que era la vocación. No puedo olvidar el bien recibido en aquel difícil período de las personas que el Señor ponía en mi camino, tanto de mi familia como conocidos y compañeros.

El sacrificio de los sacerdotes polacos

Surge aquí otra singular e importante dimensión de mi vocación. Los años de la ocupación alemana en Occidente y de la soviética en Oriente supusieron un enorme número de *detenciones y deportaciones de sacerdotes polacos hacia los campos de concentración.* Sólo en Dachau fueron internados casi tres mil. Hubo otros campos, como por ejemplo el de Auschwitz, donde ofreció la vida por Cristo el primer sacerdote canonizado después de la guerra, San Maximiliano María Kolbe, el franciscano de Niepokalanów.

Entre los prisioneros de Dachau se encontraba el Obispo de Wloclawek, Mons. Michal Kozal, que he tenido la dicha de beatificar en Varsovia en 1987. Después de la guerra algunos de entre los sacerdotes exprisioneros de los campos de concentración fueron elevados a la dignidad episcopal. Actualmente viven aún los Arzobispos Kazimierz Majdanski y Adam Kozlowiecki y el Obispo Ignacy Jez, los tres últimos Prelados testigos de lo que fueron los campos de exterminio. Ellos saben bien lo que aquella experiencia significó en la vida de tantos sacerdotes. Para completar el cuadro, es preciso añadir también a los sacerdotes alemanes de aquella misma época que experimentaron la misma suerte en los *lager*. He tenido el honor de beatificar a algunos de ellos: primero al P. Rupert Mayer de Munich, y después, durante el reciente viaje apostólico a Alemania, a Mons. Bernhard Lichtenberg, párroco de la Catedral de Berlín, y al P. Karl Leisner de la diócesis de Münster. Este último, ordenado sacerdote en el campo de concentración en 1944, después de su ordenación pudo celebrar sólo una Santa Misa.

Merece un recuerdo especial el *martirologio de los sacerdotes en los lager de Siberia y en otros lugares del territorio de la Unión Soviética*. Entre los muchos que allí fueron recluidos quisiera recordar la figura del P. Tadeusz Fedorowicz, muy conocido en Polonia, al cual personalmente debo mucho como director espiritual. El P. Fedorowicz, joven sacerdote de la archidiócesis de Leopoli, se había presentado espontáneamente a su arzobispo para pedirle el poder acompañar a un grupo de polacos deportados al Este. El Arzobispo Twardowski le concedió el permiso y pudo desarrollar su misión entre los connacionales dispersos en los territorios de la Unión Soviética y sobre todo en Kazakistán. Recientemente ha descrito en un interesante libro estos trágicos hechos.

Lo que he dicho a propósito de los campos de concentración no constituye sino una parte, dramática, de esta especie de "apocalipsis" de nuestro siglo. Lo he hecho para subrayar cómo *mi sacerdocio, ya desde su nacimiento, ha estado inscrito en el gran sacrificio de tantos hombres y mujeres de mi generación.* La Providencia me ha ahorrado las experiencias más penosas; por eso es aún más grande mi sentimiento de deuda hacia las personas conocidas, así como también hacia aquellas más numerosas que desconozco, sin diferencia de nación o de lengua, que con su sacrificio sobre el gran altar de la historia han contribuido a la realización de mi vocación sacerdotal. De algún modo me han introducido en este camino, mostrándome en la dimensión del sacrificio la verdad más profunda y esencial del sacerdocio de Cristo.

La bondad experimentada entre las asperezas de la guerra

Decía antes que durante los años difíciles de la guerra recibí mucho bien de la gente. Pienso de modo *particular en una familia, más aún, en muchas familias que conocí durante la ocupación.* Con Juliusz

Kydrynski trabajé primero en las canteras de piedra y después en la fábrica Solvay. Estábamos en el grupo de obreros-estudiantes al que pertenecían también Wojciech Zukrowski, su hermano menor Antoni y Wieslaw Kaczmarczyk. Conocí a Juliusz Kydrynnski antes de comenzar la guerra, cursando el primer año de Filología polaca. Durante la guerra esta relación de amistad se intensificó. Conocí también a su madre, que había enviudado, a la hermana y al hermano menor. La familia Kydrynski me colmó de cuidados y de afecto cuando el 18 de febrero de 1941 perdí a mi padre. Recuerdo perfectamente aquel día: al volver del trabajo encontré a mi padre muerto. En aquel momento la amistad de los Kydrynski fue para mí de gran apoyo. La amistad se extendió después a otras familias, en particular a la de los señores Szkocki, residentes en la calle Ksiecia Józefa. Empecé a estudiar francés gracias a la Señora Jadwiga Lewaj, que habitaba en la casa de ellos. Zofia Pozniak, hija mayor de los señores Szkocki, cuyo marido se encontraba en un campo de prisioneros, nos invitaba a conciertos organizados en casa. De ese modo el período oscuro de la guerra y de la ocupación fue iluminado por la luz de la belleza que se irradia desde la música y la poesía. Esto sucedía antes de mi decisión de entrar en el seminario.

Cracovia, fachada del Seminario Mayor.

4.

¡SACERDOTE!

Mi *ordenación* tuvo lugar en un día insólito para este tipo de celebraciones: fue el 1 de noviembre, solemnidad de Todos los Santos, cuando la liturgia de la Iglesia se dedica totalmente a celebrar el misterio de la comunión de los Santos y se prepara a conmemorar a los fieles difuntos. El Arzobispo eligió ese día porque yo debía partir hacia Roma para proseguir los estudios. Fui ordenado sólo, en la capilla privada de los Arzobispos de Cracovia. Mis compañeros serían ordenados el año siguiente, en el Domingo de Ramos.

Había sido ordenado subdiácono y diácono en octubre. Fue un mes de intensa oración, marcado por los Ejercicios Espirituales con los que me preparé a recibir las Ordenes Sagradas: seis días de Ejercicios antes del subdiaconado, y después tres y seis días antes del diaconado y del presbiterado respectivamente. Los últimos Ejercicios los hice solo en la capilla del seminario. El día de Todos los Santos me presenté por la

45

mañana en la residencia de los Arzobispos de Cracovia, en la calle Franciszkanska 3, para recibir la Ordenación sacerdotal. Asistieron a la ceremonia un pequeño grupo de parientes y amigos.

Recuerdo de un hermano en la vocación sacerdotal

El lugar de mi Ordenación, como he dicho, *fue la capilla privada de los Arzobispos de Cracovia*. Recuerdo que durante la ocupación iba allí con frecuencia por la mañana para ayudar en la Santa Misa al Príncipe Metropolitano. Recuerdo también que durante un cierto período venía conmigo otro seminarista clandestino, Jerzy Zachuta. Un día él no se presentó. Cuando después de la Misa fui a su casa, en Ludwinów, en Debniki, supe que durante la noche había sido detenido por la *Gestapo*. Inmediatamente después, su apellido apareció en la lista de polacos destinados a ser fusilados. Habiendo sido ordenado en aquella misma capilla que nos había visto juntos tantas veces, recordaba a este hermano en la vocación sacerdotal al cual Cristo había unido de otro modo al misterio de su muerte y resurrección.

"Veni, Creator Spiritus!"

Me veo así, en aquella capilla durante el canto del *Veni, Creator Spiritus* y de las Letanías de los Santos, mientras, extendido en forma de cruz en el suelo, esperaba el momento de la imposición de las manos. ¡Un momento emocionante! Después he tenido ocasión de presidir como Obispo y como Papa este rito. Hay algo de impresionante en la postración de los ordenandos: es el símbolo de su total sumisión ante la majestad de Dios y a la vez de su total disponibilidad a la acción del Espíritu Santo, que desciende sobre ellos como artífice de su consagración. *Veni, Creator Spiritus, mentes tuorum visita, imple superna gratia quae Tu creasti pectora.* Al igual que en la Santa Misa el Espíritu Santo es el autor de la transubstanciación del pan y del vino en el Cuerpo y la Sangre de Cristo, así en el sacramento del Orden es el artífice de la consagración sacerdotal o episcopal. El obispo, que confiere el sacramento del Orden, es el dispensador humano del misterio divino. La imposición de las manos es continuación del gesto ya practicado en la Iglesia primitiva para indicar el don del Espíritu Santo en vista de una misión determinada (cf. Hch 6, 6; 8, 17; 13, 3). Pablo lo utiliza con su discípulo Timoteo (cf. 2 Tm 1, 6; 1 Tm 4, 14) y el gesto queda en la Iglesia (cf. 1 Tm 5, 22) como signo eficaz de la presencia operante del Espíritu Santo en el sacramento del Orden.

El suelo

Quien se dispone a recibir la sagrada Ordenación se postra totalmente y apoya la frente sobre el suelo del templo, manifestando así su *completa disponibilidad para asumir el ministerio* que le es confiado. Este rito ha marcado profundamente mi existencia sacerdotal.

Cracovia, catedral del Wawel, altar de la Beata
Eduvigis, Reina de Polonia.

Años más tarde, en la Basílica de San Pedro -estábamos al principio del Concilio- recordando el momento de la Ordenación sacerdotal, escribí una poesía de la cual quiero citar aquí un fragmento:

"Eres tú, Pedro. Quieres ser aquí el Suelo sobre el que caminan los otros... para llegar allá donde guías sus pasos...

Quieres ser Aquél que sostiene los pasos, como la roca sostiene el caminar ruidoso de un rebaño:

Roca es también el suelo de un templo gigantesco.

Y el pasto es la cruz".

(Iglesia: Los Pastores y las Fuentes. Basílica de San Pedro, otoño de 1962: 11.X - 8.XII, El Suelo)

Al escribir estas palabras pensaba tanto en Pedro como en toda la realidad del sacerdocio ministerial, tratando de subrayar el profundo significado de esta postración litúrgica. En ese yacer por tierra en forma de cruz antes de la Ordenación, acogiendo en la propia vida -como Pedro- la cruz de Cristo y haciéndose con el Apóstol "suelo" para los hermanos, está el sentido más profundo de toda la espiritualidad sacerdotal.

La "primera Misa"

Habiendo sido ordenado sacerdote en la fiesta de Todos los Santos, celebré la "primera Misa" el día de los fieles difuntos, el 2 de noviembre de 1946. En este día cada sacerdote puede celebrar para provecho de los fieles tres Santas Misas. Mi "primera" Misa tuvo por tanto -por así decir- un carácter triple. Fue una experiencia de especial intensidad. Celebré las tres Santas Misas en la cripta de San Leonardo, que ocupa, en la catedral del Wawel, en Cracovia, la parte anterior de la llamada cátedra episcopal de Herman. Actualmente la cripta forma parte del complejo subterráneo donde se encuentran las tumbas reales. Al elegirla como el lugar de mis primeras Misas quise expresar un vínculo espiritual particular con los que reposan en esa catedral que, por su misma historia, es un monumento sin igual. Está impregnada, más que cualquier otro templo de Polonia, de significado histórico y teológico. Reposan en ella los reyes polacos, empezando por Wladyslaw Lokietek. En la catedral del Wawel eran coronados los reyes y en ella eran también sepultados. Quien visita ese templo se encuentra cara a cara con la historia de la Nación.

Precisamente por esto, como he dicho, elegí celebrar mis primeras Misas en la *cripta de San Leonardo*. Quería destacar mi particular vínculo espiritual con la historia de Polonia, de la cual la colina del Wawel representa casi una síntesis emblemática. Pero no sólo eso. Había, en esa elección, un especial *dimensión teológica*. Como he dicho, fui ordenado el día anterior, en la Solemnidad de Todos los Santos, cuando la Iglesia expresa litúrgicamente la verdad de la Comunión de los Santos -*Communio Sanctorum*-. Los Santos son aquellos que, habiendo acogido en la fe el misterio pascual de Cristo, esperan ahora la resurrección final.

También las personas, cuyos restos reposan en los sarcófagos de la catedral del Wawel, esperan allí la resurrección. Toda la catedral parece repetir las palabras del Símbolo de los Apóstoles: "Creo en la resurrección de los muertos y en la vida eterna". Esta verdad de fe ilumina la historia de las Naciones. Aquellas personas son como "los grandes espíritus" que guían la Nación a través de los siglos. No se encuentran allí solamente soberanos junto con sus esposas, u obispos y cardenales; también hay poetas, grandes maestros de la palabra, que han tenido una importancia enorme para mi formación cristiana y patriótica.

Fueron pocos los participantes en aquellas primeras Misas celebradas sobre la colina del Wawel. Recuerdo que, entre otros, estaba presente mi madrina Maria Wiadrowska, hermana mayor de mi madre Me asistía en el altar Mieczyslaw Malinski, que hacía presente de algún modo el ambiente y la persona de Jan Tyranowski, ya entonces gravemente enfermo.

Después, como sacerdote y como obispo, he visitado siempre con gran emoción la cripta de San Leonardo. ¡Cuanto hubiera deseado poder celebrar allí la Santa Misa con ocasión del quincuagésimo aniversario de mi Ordenación sacerdotal!

Entre el pueblo de Dios

Después hubo otras "primeras Misas": en la iglesia parroquial de San Estanislao de Kostka en Debniki y,

51

el domingo siguiente, en la iglesia de la Presentación de la Madre de Dios en Wadowice. Celebré también una Misa en la confesión de San Estanislao, en la catedral del Wawel, para los amigos del teatro rapsódico y para la organización clandestina "Unia" (Unión), a la cual estuve vinculado durante la ocupación.

Cracovia, iglesia de las Hermanas Albertinas: cuadro del *"Ecce homo",* obra del Santo Fray Alberto.

5.

ROMA

Noviembre pasaba de prisa: era ya el tiempo de *partir hacia Roma*. Cuando llegó el día establecido, subí al tren con gran emoción. Conmigo estaba Stanislaw Starowieyski, un compañero más joven que yo, que debía realizar todo el curso teológico en Roma. Por primera vez salía de las fronteras de mi Patria. Miraba desde la ventanilla del tren en marcha ciudades que conocía únicamente por los libros de geografía. Vi por primera vez Praga, Nuremberg, Estrasburgo y París, donde nos detuvimos siendo huéspedes del Seminario Polaco en la "rue des Irlandais". Reemprendimos pronto el viaje, porque el tiempo apremiaba y llegamos a Roma los últimos días de noviembre. Aquí aprovechamos inicialmente la hospitalidad de los Padres Palotinos. Recuerdo que el primer domingo después de la llegada me acerqué, junto con Stanislaw Starowieyski, a la Basílica de San Pedro para asistir a la solemne veneración de un nuevo Beato por parte del Papa. Vi desde lejos la figura de Pío XII, llevado en la *silla gestatoria*. La participación del Papa en una Beatificación se limitaba entonces a la recitación de la oración al nuevo Beato, mientras que el rito propiamente dicho era presidido en la mañana por uno de los cardenales. Esta tradición se cambió a partir de Maximiliano María Kolbe, cuando en octubre de 1971 Pablo VI ofició personalmente el rito de Beatificación del mártir polaco de Auschwitz, durante una Santa Misa concelebrada con el Cardenal Wyszynski y con los obispos polacos, en la cual yo también tuve el gozo de participar.

"Aprender Roma"

No podré olvidar nunca la sensación de mis primeros días "romanos", cuando en 1946 empecé a conocer la Ciudad Eterna. *Me inscribí en el "biennium ad lauream" en el Angelicum.* Era Decano de la Facultad de Teología el P. Ciappi, O.P., futuro teólogo de la Casa Pontificia y cardenal.

El P. Karol Kozlowski, Rector del Seminario de Cracovia, me había dicho muchas veces que, para quien tiene la suerte de poderse formar en la capital del Cristianismo, más aún que los estudios (¡un doctorado en teología se puede conseguir también fuera!) es importante *"aprender Roma misma"*. Traté de seguir su consejo. Llegué a Roma con un vivo deseo de visitar la Ciudad Eterna, empezando por las Catacumbas. Y así fue. Con los amigos del Colegio Belga, donde habitaba, tuve la oportunidad de recorrer sistemáticamente la Ciudad con la guía de conocedores expertos de sus monumentos y de su historia. Con ocasión de las vacaciones de Navidad y de Pascua pudimos acercarnos a otras ciudades italianas. Recuerdo las primeras vacaciones cuando, guiándonos por el libro del escritor danés Joergensen, fuimos a visitar los lugares vinculados a la vida de San Francisco.

De todos modos, *el centro de nuestra experiencia* era siempre Roma. Cada día desde el Colegio Belga, en vía del Quirinale 26, iba al *Angelicum* para las clases, parándome durante el camino en la iglesia de los Jesuitas de San Andrés del Quirinale, donde se encuentran las reliquias de San Estanislao de Kostka, que vivió en el noviciado contiguo y allí terminó su vida. Recuerdo que entre los que visitaban la tumba había muchos seminaristas del *Germanicum,* que se reconocían fácilmente por sus características sotanas rojas. En el corazón del Cristianismo y a la luz de los santos, las nacionalidades también se encontraban. como prefigurando, más allá de la tragedia bélica que tanto nos había marcado, un mundo sin divisiones.

Perspectivas pastorales

Mi sacerdocio y mi formación teológica y *pastoral se enmarcaban así desde el comienzo en la experiencia romana.* Los dos años de estudios, concluidos en 1948 con el doctorado, fueron años de intenso "aprender Roma". El Colegio Belga contribuía a enraizar mi sacerdocio, día tras día, en la experiencia de la capital del Cristianismo. En efecto, me permitía entrar en contacto con ciertas formas de vanguardia del apostolado, que en aquella época iban desarrollándose en la Iglesia. Pienso sobre todo en el encuentro con el P. Jozef Cardijn, fundador de la JOC y futuro cardenal, que venía de vez en cuando al Colegio para encontrarse con nosotros, sacerdotes estudiantes, y hablarnos de aquella particular experiencia humana que es la fatiga física. Para ella yo estaba, en cierta medida, preparado debido al trabajo desarrollado en la cantera y en la sección del depurador de agua de la fábrica Solvay. En Roma tuve la posibilidad de descubrir más a fondo cómo el sacerdocio está vinculado a la pastoral y al apostolado de los laicos. Entre el servicio sacerdotal y el apostolado laical existe una estrecha relación, más aún, una coordinación recíproca. Reflexionando sobre estos planteamientos pastorales, descubría cada vez de forma más clara el sentido y el valor del sacerdocio ministerial mismo.

El horizonte europeo

La experiencia vivida en el Colegio Belga se amplió, a continuación, gracias a un contacto directo no sólo con la nación belga, sino también con la francesa y la holandesa. Con el consentimiento del Cardenal Sapieha, durante las vacaciones veraniegas de 1947 el P. Stanislaw Starowieyski y yo pudimos visitar aquellos países. Me abría así a un horizonte europeo más amplio. En París, donde residí en el Seminario Polaco, pude conocer de cerca la experiencia de los sacerdotes obreros, la problemática tratada en el libro de los Padres Henri Godin e Yvan Daniel *"La France, pays de mission?"* y la pastoral de las misiones en la periferia de París, sobre todo en la parroquia dirigida por el P. Michonneau. Estas experiencias, en el primer y segundo año de sacerdocio, tuvieron para mí un enorme interés.

En Holanda, gracias a la ayuda de mis compañeros, y especialmente de los padres del fallecido P. Alfred Delmé, pude pasar con Stanislaw Starowieyski unos diez días. Me impresionó la sólida organización de la Iglesia y de la pastoral en aquel País, con estructuras activas y comunidades eclesiales vivas.

Descubría así cada vez mejor, desde puntos de vista diversos y complementarios, la *Europa occidental,* la Europa de la posguerra, la Europa de las maravillosas catedrales góticas y, al mismo tiempo, la Europa amenazada por el proceso de secularización. Percibía el desafío que todo ello representaba para la Iglesia, llamada a hacer frente al peligro que conllevaba mediante nuevas formas de pastoral, abiertas a una presencia más amplia del laicado.

Entre los emigrantes

La mayor parte de aquellas vacaciones veraniegas las pasé, sin embargo, en Bélgica. Durante el mes de septiembre estuve al frente de la *misión católica polaca,* entre los mineros, en las cercanías de Charleroi. Fue una experiencia muy fructífera. Por primera vez visité una mina de carbón y pude conocer de cerca el pesado trabajo de los mineros. Visitaba las familias de los emigrantes polacos y me reunía con la juventud y los niños, acogido siempre con benevolencia y cordialidad, como cuando estaba en la Solvay.

La figura de San Juan María Vianney

En el camino de regreso de Bélgica a Roma, tuve la suerte de *detenerme en Ars*. Era al final del mes de octubre de 1947, el domingo de Cristo Rey. Con gran emoción visité la vieja iglesita donde San Juan María Vianney confesaba, enseñaba el catecismo y predicaba sus homilías. Fue para mí una experiencia inolvidable. Desde los años del seminario había quedado impresionado por la figura del Cura de Ars, sobre todo por la lectura de su biografía escrita por Mons. Trochu. San Juan María Vianney sorprende en especial porque en él se manifiesta el poder de la gracia que actúa en la pobreza de los medios humanos. Me impresionaba profundamente, en particular, su *heroico servicio en el confesionario*. Este humilde sacerdote que confesaba más de diez horas al día, comiendo poco y dedicando al descanso apenas unas horas, había logrado, en un difícil período histórico, provocar una especie de revolución espiritual en Francia y fuera de ella. Millares de personas pasaban por Ars y se arrodillaban en su confesionario. En medio del laicismo y del anticlericalismo del siglo XIX, su testimonio constituye un acontecimiento verdaderamente revolucionario.

Del encuentro con su figura llegué a *la convicción de que el sacerdote realiza una parte esencial de su misión en el confesionario,* por medio de aquel voluntario "hacerse prisionero del confesionario". Muchas veces, confesando en Niegowic, en mi primera parroquia, y después en Cracovia, volvía con el pensamiento a esta experiencia inolvidable. He procurado mantener siempre el vínculo con el confesionario tanto durante los trabajos científicos en Cracovia, confesando sobre todo en la Basílica de la Asunción de la Santísima Virgen María, como ahora en Roma, aunque sea de modo casi simbólico, volviendo cada año al confesionario el Viernes Santo en la Basílica de San Pedro.

Un "gracias" sincero

No puedo terminar estas consideraciones sin expresar un cordial agradecimiento a todos los *componentes del Colegio Belga de Roma,* a los Superiores y a los compañeros de entonces, muchos de los cuales ya han fallecido; en particular al Rector, P. Maximilien de Furstenberg, que después fue cardenal. ¿Cómo no recordar que, durante el cónclave, en 1978, el Cardenal de Furstenberg, en un determinado momento, me dijo estas significativas palabras: *Dominus adest et vocat te.* Era como una misteriosa alusión a la culminación de su trabajo formativo, como Rector del Colegio Belga, en favor de mi sacerdocio.

El regreso a Polonia

A principios de julio de 1948 defendí la tesis doctoral en el *Angelicum* e inmediatamente después me puse en camino de regreso a Polonia. He aludido antes a que en los dos años de permanencia en la Ciudad Eterna había "aprendido" intensa-mente Roma: la Roma de las catacumbas, la Roma de los mártires, la Roma de Pedro y Pablo, la Roma de los confesores. Vuelvo a menudo a aquellos años con la memoria llena de emoción. Al regresar llevaba conmigo no sólo *un mayor bagaje de cultura teológica, sino también la consolidación de mi sacerdocio y la profundización de mi visión de la Iglesia.* Aquel período de intenso estudio junto a las Tumbas de los Apóstoles me había dado tanto desde todos los puntos de vista.

Ciertamente podría añadir muchos otros detalles acerca de esta experiencia decisiva. Prefiero, sin embargo, resumirlo todo diciendo que gracias a Roma mi *sacerdocio se había enriquecido con una dimensión europea y universal.* Regresaba de Roma a Cracovia con el sentido de la *universalidad de la misión sacerdotal,* que sería magistralmente expresado por el Concilio Vaticano II, sobre todo en la Constitución dogmática sobre la Iglesia *"Lumen gentium".* No sólo el obispo, sino también cada sacerdote debe vivir la solicitud por toda la Iglesia y sentirse, de algún modo, responsable de ella.

6.

NIEGOWIC:
UNA PARROQUIA RURAL

penas llegado a Cracovia, encontré en la Curia
Metropolitana el primer "destino", la llamada
"aplikata". El arzobispo estaba entonces en
Roma, pero me había dejado por escrito su decisión.
Acepté el cargo con alegría. Me informé enseguida de
cómo llegar a Niegowic y me preocupé por estar allí el
día señalado. Fui desde Cracovia a Gdów en autobús,
desde allí un campesino me llevó en carreta a la cam-
piña de Marszowice y después me aconsejó caminar a
pie por un atajo a través de los campos. Divisaba a lo
lejos la iglesia de Niegowic. Era el tiempo de la cosecha.
Caminaba entre los campos de trigo con las mieses en
parte ya cosechadas, en parte aún ondeando al viento.
Cuando llegué finalmente al territorio de la parroquia
de Niegowic, me arrodillé y besé la tierra. Había
aprendido este gesto de San Juan María Vianney. En
la iglesia me detuve ante el Santísimo Sacramento;
después me presenté al párroco, Mons. Kazimierz
Buzala, arcipreste de Niepolomice y párroco de Niego-

wic, quien me acogió muy cordialmente y después de un breve coloquio me mostró la habitación del vicario.

Así empezó el trabajo pastoral en mi *primera parroquia*. Duró un año y consistía en las funciones típicas de un vicario y profesor de religión. Se me confiaron cinco escuelas elementales en las campiñas pertenecientes a la parroquia de Niegowic. Allí me llevaban en un pequeño carro o en la calesa. Recuerdo la cordialidad de los maestros y de los feligreses. Los grupos eran muy diversos entre sí: algunos bien educados y tranquilos, otros muy vivaces. Aún hoy me sucede que vuelvo con el pensamiento al recogido silencio que reinaba en las clases, cuando, durante la cuaresma, hablaba de la pasión del Señor.

En ese tiempo la parroquia de Niegowic se preparaba para la celebración del quincuagésimo aniversario de la Ordenación sacerdotal del párroco. Como la vieja iglesia era ya inadecuada para las necesidades pastorales, los feligreses decidieron que el regalo más hermoso para el homenajeado sería la construcción de un nuevo templo. Pero yo fui trasladado pronto de aquella agradable comunidad.

En San Florián de Cracovia

En efecto, después de un año fui destinado a la parroquia de San Florián de Cracovia. El párroco, Mons. Tadeusz Kurowski, me encargó la catequesis en los cursos superiores del instituto y la acción pastoral entre los estudiantes universitarios. La pastoral universitaria de Cracovia tenía entonces su centro en la iglesia de Santa Ana, pero con el desarrollo de nuevas facultades se sintió la necesidad de crear una nueva sede precisamente en la parroquia de San Florián. Comencé allí las conferencias para la juventud universitaria; las tenía todos los jueves y trataban de los problemas fundamentales sobre la existencia de Dios y la espiritualidad del alma humana, temas de particular impacto en el contexto del ateísmo militante, propio del régimen comunista.

El trabajo científico

Durante las vacaciones de 1951, después de dos años de trabajo en la parroquia de San Florián, el Arzobispo Eugeniusz Baziak, que había sucedido en el gobierno de la Archidiócesis de Cracovia al Cardenal Sapieha, me orientó hacia la labor científica. Debí prepararme para la habilitación a la enseñanza pública de la ética y de la teología moral. Esto supuso una reducción del trabajo pastoral, tan querido por mí. Me costó, pero desde entonces me preocupé de que la dedicación al estudio científico de la teología y de la filosofía no me indujera a "olvidarme" de ser sacerdote; más bien debía ayudarme a serlo cada vez más.

Cracovia, palacio arzobispal, altar de la capilla.

7.

¡GRACIAS, IGLESIA
QUE ESTÁS EN POLONIA!

En este testimonio jubilar tengo que expresar *mi gratitud a toda la Iglesia polaca,* en cuyo seno nació y maduró mi sacerdocio. Es una Iglesia con una herencia milenaria de fe; una Iglesia que ha engendrado a lo largo de los siglos numerosos santos y beatos, y está confiada al patrocinio de dos Santos Obispos y Mártires, Wojciech y Stanislaw. Es una Iglesia profundamente unida al pueblo y a su cultura; una Iglesia que siempre ha sostenido y defendido al pueblo, especialmente en los momentos trágicos de su historia. Es también una Iglesia que en este siglo ha sido duramente probada: ha tenido que sostener una lucha dramática por la supervivencia contra *dos sistemas totalitarios:* contra el régimen inspirado en *la ideología nazi* durante la segunda guerra mundial; y después, en los largos decenios de la posguerra, contra la *dictadura comunista* y su ateísmo militante.

De ambas pruebas ha salido victoriosa, gracias al sacrificio de obispos, sacerdotes y de numerosos laicos;

gracias a la familia polaca "fuerte en Dios". Entre los obispos del período bélico he de mencionar la figura inquebrantable del Príncipe Metropolitano de Cracovia, Adam Stefan Sapieha, y entre los del período de la posguerra, la figura del siervo de Dios Cardenal Stefan Wyszynski. Es una *Iglesia que ha defendido al hombre,* su dignidad y sus derechos fundamentales, una *Iglesia que ha luchado valientemente* por el derecho de los fieles a profesar su fe. Una Iglesia extraordinariamente dinámica, a pesar de las dificultades y los obstáculos que se interponían en el camino.

En este intenso clima espiritual se fue desarrollando mi misión de sacerdote y de obispo. He podido conocer, por decirlo así, desde dentro, los dos sistemas totalitarios que han marcado trágicamente nuestro siglo: el nazismo de una parte, con los horrores de la guerra y de los campos de concentración, y el comunismo, de otra, con su régimen de opresión y de terror. Es fácil comprender mi sensibilidad por la dignidad de toda persona humana y por el respeto de sus derechos, empezando por el *derecho a la vida.* Es una sensibilidad que se formó en los primeros años de sacerdocio y se ha afianzado con el tiempo. Es fácil entender también mi preocupación por la familia y por la juventud: todo esto ha crecido en mí de forma orgánica gracias a aquellas dramáticas experiencias.

El presbiterio de Cracovia

En el quincuagésimo aniversario de mi ordenación sacerdotal me dirijo con el pensamiento de modo particular al *presbiterio de la Iglesia de Cracovia,* del cual he sido miembro como sacerdote y después cabeza como Arzobispo. Me vienen a la memoria tantas figuras eminentes de párrocos y vicarios. Sería demasiado largo mencionarlos a todos uno a uno. A muchos de ellos me unían y me unen vínculos de sincera amistad. Los ejemplos de su santidad y de su celo pastoral han sido para mí de gran edificación. Indudablemente han tenido una influencia profunda sobre mi sacerdocio. De ellos he aprendido qué quiere decir en concreto ser pastor.

Estoy profundamente convencido del *papel decisivo que el presbiterio diocesano tiene en la vida personal de todo sacerdote.* La comunidad de sacerdotes, basada en una verdadera *fraternidad sacramental,* constituye un ambiente de primera importancia para la formación espiritual y pastoral. El sacerdote, por principio, no puede prescindir de la misma. Le ayuda a crecer en la santidad y constituye un apoyo seguro en las dificultades. ¿Cómo no expresar, con ocasión de mi jubileo de oro, mi gratitud a los sacerdotes de la Archidiócesis de Cracovia por su contribución a mi sacerdocio?

El don de los laicos

Estos días pienso también en todos los laicos que el Señor me ha hecho encontrar en mi misión de sacerdote y de obispo. Han sido para mí un *don singular,* por el cual no ceso de dar gracias a la Providencia. Son tan numerosos que no es posible citarlos a todos por su nombre, pero los llevo a todos en el corazón, porque cada uno de ellos ha ofrecido su propia aportación a la realización de mi sacerdocio. En cierto modo me han indicado el camino, ayudándome a comprender mejor mi ministerio y a vivirlo en plenitud. Ciertamente, de los frecuentes contactos con los laicos siempre he sacado mucho provecho. Entre ellos había simples obreros, hombres dedicados a la cultura y al arte, grandes científicos. De estos encuentros han nacido cordiales amistades, muchas de las cuales perduran aún. Gracias a ellos mi acción pastoral se ha multiplicado, superando barreras y penetrando en ambientes que de otro modo hubieran sido muy difíciles de alcanzar.

En verdad, me ha acompañado siempre la profunda conciencia de la necesidad urgente del *apostolado de los laicos* en la Iglesia. Cuando el Concilio Vaticano II habló de la vocación y misión de los laicos en la Iglesia y en el mundo, pude experimentar una gran alegría: lo que el Concilio enseñaba respondía a las convicciones que habían guiado mi acción desde los primeros años de mi ministerio sacerdotal.

8.

¿QUIÉN ES EL SACERDOTE?

En este testimonio personal no puedo limitarme al recuerdo de los acontecimientos y de las personas, sino que quisiera ir más allá para fijar la mirada más profundamente, como para escrutar el misterio que desde hace cincuenta años me acompaña y me envuelve.

¿Qué significa ser sacerdote? Según San Pablo significa ante todo *ser administrador de los misterios de Dios:* "servidores de Cristo y administradores de los misterios de Dios. Ahora bien, lo que en fin de cuentas se exige de los administradores es que sean fieles" (1 Co 4, 1-2). La palabra "administrador" no puede ser sustituida por ninguna otra. Está basada profundamente en el Evangelio: recuérdese la parábola del administrador fiel y del infiel (cf. Lc 12, 41-48). El admi-nistrador no es el propietario, sino aquel a quien el propietario confía sus bienes para que los gestione con justicia y responsabilidad. Precisamente por eso el sacerdote recibe de Cristo los bienes de la salvación

Cracovia, catedral del Wawel,
cripta de San Leonardo.

para distribuirlos debidamente entre las personas a las cuales es enviado. Se trata de los bienes de la fe. El sacerdote, por tanto, es el hombre de la palabra de Dios, el hombre del sacramento, el hombre del "misterio de la fe". Por medio de la fe accede a los bienes invisibles que constituyen la herencia de la Redención del mundo llevada a cabo por el Hijo de Dios. Nadie puede considerarse "propietario" de estos bienes. Todos somos sus destinatarios. El sacerdote, sin embargo, tiene la tarea de administrarlos en virtud de lo que Cristo ha establecido.

¡Admirabile commercium!

La vocación sacerdotal es un misterio. *Es el misterio de un "maravilloso intercambio" -admirabile commercium-* entre Dios y el hombre. Este ofrece a Cristo su humanidad para que El pueda servirse de ella como instrumento de salvación, casi haciendo de este hombre otro sí mismo. Si no se percibe el misterio de este "intercambio" no se logra entender cómo puede suceder que un joven, escuchando la palabra "¡sígueme!", llegue a renunciar a todo por Cristo, en la certeza de que por este camino su personalidad humana se realizará plenamente.

¿Hay en el mundo una realización más grande de nuestra humanidad que poder representar cada día *in persona Christi* el Sacrificio redentor, el mismo que Cristo llevó a cabo en la cruz? En este Sacrificio, por una parte, está presente del modo más profundo el mismo Misterio trinitario, y por otra está como "recapitulado" todo el universo creado (cf. Ef 1, 10). La Eucaristía se realiza también para ofrecer "sobre el altar de la tierra entera el trabajo y el sufrimiento del mundo", según una bella expresión de Teilhard de Chardin. He ahí por qué, en la acción de gracias después de la Santa Misa, se recita también el Cántico de los tres jóvenes del Antiguo Testamento: *Benedicite omnia opera Domini Domino...* En efecto, en la Eucaristía todas las criaturas visibles e invisibles, y en particular el hombre, bendicen a Dios como Creador y Padre y lo bendicen con las palabras y la acción de Cristo, Hijo de Dios.

Sacerdote y Eucaristía

"Yo te bendigo, Padre, Señor del cielo y de la tierra, porque has ocultado estas cosas a sabios e inteligentes, y se las has revelado a pequeños (...) Nadie conoce quién es el Hijo sino el Padre; y quién es el Padre sino el Hijo y aquel a quien el Hijo se lo quiera revelar" (Lc 10, 21-22). Estas palabras del Evangelio de San Lucas, introduciéndonos en la intimidad del misterio de Cristo, nos permiten acercarnos también al misterio de la Eucaristía. En ella el Hijo consustancial al Padre, Aquél que sólo el Padre conoce, le ofrece el sacrificio de sí mismo por la humanidad y por toda la creación. En la Eucaristía Cristo devuelve al Padre todo lo de El que proviene. Se realiza así un profundo *misterio de justicia de la criatura hacia el Creador.* Es preciso que el hombre dé honor al Creador ofreciendo, en una acción de gracias y de alabanza, todo lo que de El ha recibido. *El hombre no puede perder el sentido de esta deuda,* que solamente él, entre todas las otras realidades terrestres, puede reconocer y saldar como criatura hecha a imagen y semejanza de Dios. Al mismo tiempo, teniendo en cuenta sus límites de criatura y el pecado que lo marca, el hombre no sería capaz de realizar este acto de justicia hacia el Creador si Cristo mismo, Hijo consustancial al Padre y verda-dero hombre, no emprendiera esta iniciativa eucarística.

El sacerdocio, desde sus raíces, es el *sacerdocio de Cristo.* Es El quien ofrece a Dios Padre el sacrificio de sí mismo, de su carne y de su sangre, y con su sacrificio justifica a los ojos del Padre a toda la humanidad e indirectamente a toda la creación. El sacerdote, celebrando cada día la Eucaristía, penetra en el corazón de este misterio. Por eso la celebración de la Eucaristía es, para él, el momento más importante y sagrado de la jornada y el centro de su vida.

In persona Christi

Las palabras que repetimos al final del Prefacio -"Bendito el que viene en nombre del Señor..."- nos llevan a los acontecimientos dramáticos del Domingo de Ramos. Cristo va a Jerusalén para afrontar el sacrificio cruento del Viernes Santo. Pero el día anterior, durante la Ultima Cena, instituye el sacramento de este sacrificio. Pronuncia sobre el pan y sobre el vino las palabras de la consagración: "Esto es mi Cuerpo que será entregado por vosotros (...) Este es el cáliz de mi Sangre, de la nueva y eterna alianza, que será derramada por vosotros y por todos los hombres para el perdón de los pecados. Haced esto en conmemoración mía".

¿Qué "conmemoración"? Sabemos que a esta palabra hay que darle un sentido fuerte, que va más allá del simple recuerdo histórico. Estamos en el orden del "memorial" bíblico, que *hace presente* el acontecimiento mismo. ¡Es *memoria-presencia!* El secreto de este prodigio es la acción del Espíritu Santo, que el sacerdote invoca mientras extiende las manos sobre los dones del pan y del vino: "Santifica estos dones con la *efusión de tu Espíritu* de manera que sean para nosotros el Cuerpo y Sangre de Jesucristo Nuestro Señor". Así pues, no sólo el sacerdote recuerda los acontecimientos de la Pasión, Muerte y Resurrección de Cristo, sino que el Espíritu Santo hace que estos se realicen sobre el altar a través del ministerio del sacerdote. Este actúa verdaderamente *in persona Christi*. Lo que Cristo ha realizado sobre el altar de la Cruz, y que precedentemente ha establecido como sacramento en el Cenáculo, el sacerdote lo renueva con la fuerza del Espíritu Santo. En este momento el sacerdote está como envuelto por el poder del Espíritu Santo y las palabras que dice adquieren la misma eficacia que las pronunciadas por Cristo durante la Ultima Cena.

Mysterium fidei

Durante la Santa Misa, después de la transubstanciación, el sacerdote pronuncia las palabras: *Mysterium fidei, ¡Misterio de la fe!* Son palabras que se refieren obviamente a la Eucaristía. Sin embargo, en cierto modo, conciernen también al sacerdocio. No hay Eucaristía sin sacerdocio, como no hay sacerdocio sin Eucaristía. No sólo el sacerdocio ministerial está estrechamente vinculado a la Eucaristía; también el sacerdocio común de todos los bautizados tiene su raíz en este misterio. A las palabras del celebrante los fieles responden: "Anunciamos tu muerte, proclamamos tu resurrección, ven Señor Jesús". Participando en el Sacrificio eucarístico los fieles se convierten en testigos de Cristo crucificado y resucitado, comprometiéndose a vivir su triple misión -sacerdotal, profética y real- de la que están investidos desde el Bautismo, como ha recordado el Concilio Vaticano II.

El sacerdote, como administrador de los "misterios de Dios", está al servicio del sacerdocio común de los fieles. Es él quien, anunciando la Palabra y celebrando los sacramentos, especialmente la Eucaristía, hace cada vez más consciente a todo el Pueblo de Dios su participación en el sacerdocio de Cristo, y al mismo tiempo lo mueve a realizarla plenamente. Cuando, después de la transubstanciación, resuena la expresión: *Mysterium fidei,* todos son invitados a darse cuenta de la particular densidad existencial de este anuncio, con referencia al misterio de Cristo, de la Eucaristía y del Sacerdocio.

Niegowic, iglesia parroquial dedicada
a la Asunción de la Virgen María.

¿No encuentra aquí, tal vez, *su motivación más profunda la misma vocación sacerdotal?* Una motivación que está totalmente presente en el momento de la Ordenación, pero que espera ser interiorizada y profundizada a lo largo de toda la existencia. Sólo así el sacerdote puede descubrir en profundidad la gran riqueza que le ha sido confiada. Cincuenta años después de mi Ordenación puedo decir que el sentido del propio sacerdocio se redescubre cada día más en ese *Mysterium fidei.* Esta es la magnitud del don del sacerdocio y es también la medida de la respuesta que requiere tal don. *¡El don es siempre más grande!* Y es hermoso que sea así. Es hermoso que un hombre nunca pueda decir que ha respondido plenamente al don. Es un don y también una tarea: ¡siempre! Tener conciencia de esto es fundamental para vivir plenamente el propio sacerdocio.

Cristo, Sacerdote y Víctima

A través de las Letanías que había costumbre de recitar en el seminario de Cracovia, especialmente la víspera de la Ordenación presbiteral, he tenido siempre presente la verdad sobre el sacerdocio de Cristo. Me refiero a las *Letanías a Cristo Sacerdote y Víctima.* ¡Qué profundos pensamientos provocaban en mí! En el sacrificio de la Cruz, representado y actualizado en cada Eucaristía, Cristo se ofrece a sí mismo para la salvación del mundo. Las invocaciones litánicas recorren los diversos aspectos del misterio. Me recuerdan el simbolismo evocador de las imágenes bíblicas que están entretejidas. Me vienen a los labios en latín, como las he recitado en el seminario y después tantas veces en los años sucesivos:

> *Iesu, Sacerdos et Victima,*
> *Iesu, Sacerdos in aeternum secundum ordinem*
> *   Melchi-sedech, ...*
> *Iesu, Pontifex ex hominibus assumpte,*
> *Iesu, Pontifex pro hominibus constitute, ...*
> *Iesu, Pontifex futurorum bonorum, ...*
> *Iesu, Pontifex fidelis et misericors, ...*
> *Iesu, Pontifex qui dilexisti nos et lavisti nos a*
> *   peccatis in sanguine tuo, ...*
> *Iesu, Pontifex qui tradidisti temetipsum Deo*
> *   oblationem et hostiam, ...*
> *Iesu, Hostia sancta et immacolata, ...*
> *Iesu, Hostia in qua habemus fiduciam ed*
> *   accessum ad Deum, ...*
> *Iesu, Hostia vivens in saecula saeculorum*[1].

¡Cuánta riqueza teológica hay en estas expresiones! Se trata de *letanías profundamente basadas en la Sagrada Escritura,* sobre todo en la Carta a los Hebreos. Es suficiente releer este pasaje: "Cristo como Sumo Sacerdote de los bienes futuros, (...) penetró en el santuario una vez para siempre, no con sangre de machos cabríos ni de novillos, sino con su propia sangre, consiguiendo una redención eterna. Pues si la sangre de machos cabríos y de toros (...) santifica con

---

1   El texto completo de las Letanías se encuentra en el Apéndice.

su aspersión a los contaminados, en orden a la purificación de la carne, ¡cuánto más la sangre de Cristo, que por el Espíritu Eterno se ofreció a sí mismo sin tacha a Dios, purificará de las obras muertas nuestra conciencia para rendir culto a Dios vivo!" (Hb 9, 11-14). *Cristo es sacerdote porque es el Redentor del mundo.* En el misterio de la Redención se inscribe el sacerdocio de todos los presbíteros. Esta verdad sobre la Redención y sobre el Redentor está enraizada en el centro mismo de mi conciencia, me ha acompañado en todos estos años, ha impregnado todas mis experiencias pastorales y me ha mostrado contenidos siempre nuevos.

En estos cincuenta años de vida sacerdotal me he dado cuenta de que la Redención, el precio que debía pagarse por el pecado, lleva consigo *también un renovado descubrimiento, como una "nueva creación", de todo lo que ha sido creado:* el redescubrimiento del hombre como persona, del hombre creado por Dios varón y mujer, el redescubrimiento, en su verdad profunda, de todas las obras del hombre, de su cultura y civilización, de todas sus conquistas y actuaciones creativas.

Después de mi elección como Papa, mi primer impulso espiritual fue dirigirme a Cristo Redentor. Nació así la Encíclica *Redemptor hominis*. Reflexionando sobre todo este proceso veo cada vez mejor la íntima relación que hay entre el mensaje de esta Encíclica y todo lo que se inscribe en el corazón del hombre por la participación en el sacerdocio de Cristo.

Cracovia, catedral del Wawel,
Confesión de San Estanislao, obispo y mártir.

9.

SER SACERDOTE HOY

Cincuenta años de sacerdocio no son pocos. ¡Cuántas cosas han sucedido en este medio siglo de historia! Han surgido nuevos problemas, nuevos estilos de vida, nuevos desafíos. Viene espontáneo preguntarse: ¿qué supone ser sacerdote *hoy*, en este escenario en continuo movimiento mientras nos encaminamos hacia el tercer Milenio?

No hay duda de que el sacerdote, con toda la Iglesia, camina con su tiempo, y es oyente atento y benévolo, pero a la vez crítico y vigilante, de lo que madura en la historia. El Concilio ha mostrado cómo es posible y necesaria una auténtica renovación, en plena fidelidad a la Palabra de Dios y a la Tradición. Pero más allá de la debida renovación pastoral, estoy convencido de que el sacerdote no ha de tener ningún miedo de estar "fuera de su tiempo", porque el "hoy" humano de cada sacerdote está insertado en el "hoy" de Cristo Redentor. La tarea más grande para cada sacerdote en cualquier época es descubrir día a día este "hoy" suyo sacerdotal en el "hoy" de Cristo, aquel "hoy" del que habla la Carta a los Hebreos. Este "hoy" de Cristo está inmerso en toda la historia, en el pasado y en el futuro del mundo, de cada hombre y de cada sacerdote. "Ayer como hoy, Jesucristo es el mismo, y lo será siempre" (Hb 13,8). Así pues, si estamos inmersos con nuestro "hoy" humano y sacerdotal en el "hoy" de Cristo, no hay peligro de quedarse en el "ayer", retrasados... Cristo es la medida de todos los tiempos. En su "hoy" divino-humano y sacerdotal se supera de raíz toda oposición -antes tan discutida- entre el "tradicionalismo" y el "progresismo".

Las aspiraciones profundas del hombre

Si se analizan las aspiraciones del hombre contemporáneo en relación con el sacerdote se verá que, en el fondo, hay en el mismo una sola y gran aspiración: *tiene sed de Cristo*. El resto -lo que necesita a nivel económico, social y político- lo puede pedir a muchos otros. ¡Al sacerdote se le pide Cristo! Y de él tiene derecho a esperarlo, ante todo mediante el anuncio de la Palabra. Los presbíteros -enseña el Concilio- "tienen como primer deber el anunciar a todos el Evangelio de Dios" (*Prebyterorum Ordinis*, 4). Pero el anuncio tiende a que el hombre encuentre a Jesús, especialmente en el misterio eucarístico, corazón palpitante de la Iglesia y de la vida sacerdotal. Es un misterioso y formidable poder el que el sacerdote tiene en relación con el Cuerpo eucarístico de Cristo. De este modo es el administrador del bien más grande de la Redención porque da a los hombres el Redentor en persona. Celebrar la Eucaristía es la misión más sublime y más sagrada de todo presbítero. Y para mí, desde los primeros años de sacerdocio, la celebración de la Eucaristía ha sido no sólo el deber más sagrado, sino sobre todo la necesidad más profunda del alma.

Ministro de la misericordia

Como administrador del *sacramento de la Reconciliación*, el sacerdote cumple el mandato de Cristo a los Apóstoles después de su resurrección: "Recibid el Espíritu Santo. A quienes perdonéis los pecados, les quedan perdonados; a quienes se los retengáis, les quedan retenidos" (Jn 20, 22-23). ¡El sacerdote es testigo e instrumento de la misericordia divina! ¡Qué importante es en su vida el servicio en el confesionario! Precisamente en el confesionario se realiza del modo más pleno *su paternidad espiritual*. En el confesionario cada sacerdote se convierte en testigo de los grandes prodigios que la misericordia divina obra en el alma que acepta la gracia de la conversión. Es necesario, no obstante, que todo sacerdote al servicio de los hermanos en el confesionario tenga él mismo la experiencia de esta misericordia de Dios a través de la propia confesión periódica y de la dirección espiritual.

Administrador de los misterios divinos, el sacerdote es un especial *testigo del Invisible* en el mundo. En efecto, es administrador de bienes invisible e inconmensurables que pertenecen al orden espiritual y sobrenatural.

Un hombre en contacto con Dios

Como administrador de tales bienes, el sacerdote está en permanente y especial *contacto con la santidad de Dios.* "¡Santo, Santo, Santo es el Señor, Dios del universo! Los cielos y la tierra están llenos de tu gloria". La majestad de Dios es la majestad de la santidad. En el sacerdocio el hombre es como elevado a la esfera de esta santidad, de algún modo llega a las alturas en las que una vez fue introducido el profeta Isaías. Y precisamente de esa visión profética se hace eco la liturgia eucarística: *Sanctus, Sanctus, Sanctus, Dominus Deus Sabaoth. Pleni sunt caeli et terra gloria tua. Hosanna in excelsis.*

Al mismo tiempo, el sacerdote vive todos los días, continuamente, el descenso de esta santidad de Dios hacia el hombre: *Benedictus qui venit in nomine Domini.* Con estas palabras las multitudes de Jerusalén aclamaban a Cristo que llegaba a la ciudad para ofrecer el sacrificio por la redención del mundo. La santidad trascendente, de alguna manera "fuera del mundo", llega a ser en Cristo la santidad "dentro del mundo". Es la santidad del Misterio pascual.

Llamado a la santidad

En contacto continuo con la santidad de Dios, el sacerdote debe llegar a ser él mismo santo. Su mismo ministerio lo compromete a una opción de vida inspirada en el radicalismo evangélico. Esto explica que de un modo especial deba vivir el espíritu de los consejos evangélicos de castidad, pobreza y obediencia. En esta perspectiva se comprende también la especial conveniencia del celibato. De aquí surge la particular necesidad de la oración en su vida: la oración brota de la santidad de Dios y al mismo tiempo es la respuesta a esta santidad. He escrito en una ocasión: "La oración hace al sacerdote y el sacerdote se hace a través de la oración". Sí, el sacerdote debe ser ante todo *hombre de oración,* convencido de que el tiempo dedicado al encuentro íntimo con Dios es siempre el mejor empleado, porque además de ayudarle a él, ayuda a su trabajo apostólico.

Si el Concilio Vaticano II habla de la vocación *universal* a la santidad, en el caso del sacerdote es preciso hablar de una *especial* vocación a la santidad. *¡Cristo tiene necesidad de sacerdotes santos!* ¡El mundo actual reclama sacerdotes santos! Solamente un sacerdote santo puede ser, en un mundo cada vez más secularizado, testigo transparente de Cristo y de su Evangelio. Solamente así el sacerdote puede ser guía de los hombres y maestro de santidad. Los hombres, sobre todo los jóvenes, esperan un guía así. ¡El sacerdote puede ser guía y maestro en la medida en que es un testigo auténtico!

Cracovia, iglesia parroquial dedicada a San Florián.

La cura animarum

En mi ya larga experiencia, a través de situaciones tan diversas, me he afianzado en la convicción de que *sólo desde el terreno de la santidad sacerdotal puede desarrollarse una pastoral eficaz, una verdadera "cura animarum"*. El auténtico secreto de los éxitos pastorales no está en los medios materiales, y menos aún en la "riqueza de medios". Los frutos duraderos de los esfuerzos pastorales nacen de la santidad del sacerdote. ¡Este es su fundamento! Naturalmente son indispensables la formación, el estudio y la actualización; en definitiva, una preparación adecuada que capacite para percibir las urgencias y definir las *prioridades pastorales*. Sin embargo, se podría afirmar que las prioridades dependen también de las circunstancias, y que cada sacerdote ha de precisarlas y vivirlas de acuerdo con su obispo y en armonía con las orientaciones de la Iglesia universal. En mi vida he descubierto estas prioridades en el apostolado de los laicos, de modo especial en la pastoral familiar -campo en el que los mismos laicos me han ayudado mucho-, en el atención a los jóvenes y en el diálogo intenso con el mundo de la ciencia y de la cultura. Todo esto se ha reflejado en mi actividad científica y literaria. Surgió así el estudio *"Amor y responsabilidad"* y, entre otras cosas, una obra literaria *"El taller del orfebre"*, con el subtítulo *"Meditaciones sobre el sacramento del matrimonio"*.

Una prioridad ineludible es hoy la atención preferencial a los pobres, los marginados y los emigrantes. Para ellos el sacerdote debe ser verdaderamente un "padre". Ciertamente los medios materiales son indispensables, como los que nos ofrece la moderna tecnología. Sin embargo, el secreto es siempre la santidad de vida del sacerdote que se expresa en la oración y en la meditación, en el espíritu de sacrificio y en el ardor misionero. Cuando pienso en los años de mi servicio pastoral como sacerdote y como obispo, más me convenzo de lo verdadero y fundamental que es esto.

Hombre de la Palabra

Me he referido ya al hecho de que para ser guía auténtico de la comunidad, verdadero administrador de los misterios de Dios, el sacerdote está llamado a ser *hombre de la palabra de Dios,* generoso e incansable evangelizador. Hoy, frente a las tareas inmensas de la "nueva evangelización", se ve aún más esta urgencia.

Después de tantos años de ministerio de la Palabra, que especialmente como Papa me han visto peregrino por todos los rincones del mundo, debo dedicar algunas consideraciones a esta dimensión de la vida sacerdotal. Una dimensión exigente, ya que los hombres de hoy esperan del sacerdote antes que la palabra "anunciada" la palabra "vivida". El presbítero debe "vivir de la Palabra". Pero al mismo tiempo, se ha de esforzar por estar también *intelectualmente preparado* para conocerla a fondo y anunciarla eficazmente. En nuestra época, caracterizada por un alto nivel de especialización en casi todos los sectores de la vida, la formación intelectual es muy importante. Esta hace posible entablar un diálogo intenso y creativo con el pensamiento contemporáneo. Los estudios humanísticos y filosóficos y el conocimiento de la teología son los caminos para alcanzar esta formación intelectual, que deberá ser profundizada durante toda la vida. El estudio, para ser auténticamente formativo, tiene necesidad de estar acompañado siempre por la oración, la meditación, la súplica de los dones del Espíritu Santo: la sabiduría, la inteligencia, el consejo, la fortaleza, la ciencia, la piedad y el temor de Dios. Santo Tomás de Aquino explica cómo, con los dones del Espíritu Santo, todo el organismo espiritual del hombre se hace sensible a la luz de Dios, a la luz del conocimiento y también a la inspiración del amor. La súplica de los dones del Espíritu Santo me ha acompañado desde mi juventud y a ella sigo siendo fiel hasta ahora.

Profundización científica

Ciertamente, como enseña el mismo Santo Tomás, la "ciencia infusa", que es fruto de una intervención especial del Espíritu Santo, no exime del deber de procurarse la "ciencia adquirida".

Por lo que a mí respecta, como he dicho antes, inmediatamente después de la ordenación sacerdotal fui enviado a Roma para perfeccionar los estudios. Más tarde, por decisión de mi obispo, tuve que ocuparme de la ciencia como profesor de ética en la Facultad teológica de Cracovia y en la Universidad Católica de Lublin. Fruto de estos estudios fueron el doctorado sobre San Juan de la Cruz y después la tesis sobre Max Scheler para la enseñanza libre: más en concreto, sobre la aportación que su sistema ético de tipo fenomenológico puede dar a la formación de la teología moral. Debo verdaderamente mucho a este trabajo de investigación. Sobre mi precedente formación aristotélico-tomista se injertaba así el método fenomenológico, lo cual me ha permitido emprender numerosos ensayos creativos en esto campo. Pienso especialmente en el libro *"Persona y acción"*. De este modo me he introducido en la corriente contemporánea del personalismo filosófico, cuyo estudio ha tenido repercusión en los frutos pastorales. A menudo constato que muchas de las reflexiones maduradas en estos estudios me ayudan durante los encuentros con las personas, individualmente o en los encuentros con las multitudes de fieles con ocasión de los viajes apostólicos. Esta formación en el horizonte cultural del personalismo me ha dado una conciencia más profunda de cómo cada uno es una persona única e irrepetible, y considero que esto es muy importante para todo sacerdote.

El diálogo con el pensamiento contemporáneo

Gracias a los encuentros y coloquios con naturalistas, físicos, biólogos y también con historiadores, he aprendido a apreciar la importancia de las otras ramas del saber relativas a las materias científicas, desde las cuales se puede llegar a la verdad partiendo de perspectivas diversas. Es preciso, pues, que el esplendor de la verdad -*Veritatis splendor*- las acompañe continuamente, permitiendo a los hombres encontrarse, inter-cambiar las reflexiones y enriquecerse recíprocamente. He traído conmigo desde Cracovia a Roma la tradición de encuentros interdisciplinares periódicos, que tienen lugar de modo regular durante el verano en Castel Gandolfo. Trato de ser fiel a esta buena costumbre.

"Labia sacerdotum scientiam custodiant..." (cf. Ml 2, 7). Me gusta recordar estas palabras del profeta Malaquías, citadas en las *Letanías a Cristo Sacerdote y Víctima,* porque tienen una especie de valor programático para quien está llamado a ser ministro de la Palabra. Este debe ser verdaderamente *hombre de ciencia* en el sentido más alto y religioso del término. Debe poseer y transmitir la "ciencia de Dios" que no es sólo un depósito de verdades doctrinales, sino experiencia personal y viva del Misterio, en el sentido indicado por el Evangelio de Juan en la gran oración sacerdotal: "Esta es la vida eterna: que te *conozcan* a ti, el único Dios verdadero, y al que tú has enviado, Jesucristo" (17, 3).

Cracovia, catedral del Wawel.

10.

A LOS HERMANOS EN EL SACERDOCIO

Al concluir este testimonio sobre mi vocación sacerdotal, *deseo dirigirme a todos los Hermanos en el sacerdocio:* ¡a todos sin excepción! Lo hago con las palabras de San Pedro: "Hermanos, poned el mayor empeño en afianzar vuestra vocación y vuestra elección. Obrando así nunca caeréis" (2 Pe 1, 10). ¡Amad vuestro sacerdocio! ¡Sed fieles hasta el final! Sabed ver en él aquel tesoro evangélico por el cual vale la pena *darlo todo* (cf. Mt 13, 44).

De modo particular me dirijo a aquellos de entre vosotros que viven un período de dificultad o incluso de crisis de su vocación. Quisiera que este testimonio personal mío -testimonio de sacerdote y de Obispo de Roma, que celebra las Bodas de Oro de la Ordenación- fuese para vosotros una ayuda y una invitación a la fidelidad. He escrito esto pensando en cada uno de vosotros, abrazándoos a todos con la oración.

Pupilla oculi

He pensado también en tantos jóvenes seminaristas que se preparan al sacerdocio. ¡Cuántas veces un obispo va con la mente y el corazón al seminario! Este es el primer objeto de sus preocupaciones. Se suele decir que el *seminario es para un obispo la "pupila de sus ojos"*. El hombre defiende las pupilas de sus ojos porque le permiten ver. Así, en cierto modo, el obispo ve su Iglesia a través del seminario, porque de las vocaciones sacerdotales depende gran parte de la vida eclesial. La gracia de numerosas y santas vocaciones sacerdotales le permite mirar con confianza el futuro de su misión.

Digo esto basándome en los muchos años de mi experiencia episcopal. Fui nombrado obispo doce años después de mi Ordenación sacerdotal: buena parte de estos cincuenta años ha estado precisamente marcada por la preocupación por las vocaciones. La alegría del obispo es grande cuando el Señor da vocaciones a su Iglesia; su falta, por el contrario, provoca preocupación e inquietud. El Señor Jesús ha comparado esta preocupación a la del segador: "La mies es mucha y los obreros pocos. Rogad, pues, al Dueño de la mies que envíe obreros a su mies" (*Mt* 9, 37).

¡Deo gratias!

No puedo terminar estas reflexiones, en el año de mis Bodas de Oro sacerdotales sin expresar al Señor de la mies la más profunda *gratitud por el don de la vocación,* por la gracia del sacerdocio, por las vocaciones sacerdotales en todo el mundo. Lo hago en unión con todos los obispos, que comparten la misma preocupación por las vocaciones y sienten la misma alegría cuando aumenta su número. Gracias a Dios, está en vías de superación una cierta crisis de vocaciones sacerdotales en la Iglesia. Cada nuevo sacerdote trae consigo una bendición especial: "Bendito el que viene en nombre del Señor". En efecto, es Cristo mismo quien viene en cada sacerdote. Si San Cipriano ha dicho que el cristiano es "otro Cristo" -*Christianus alter Christus*-, con mayor razón se puede decir: *Sacerdos alter Christus.*.

Que Dios mantenga en los sacerdotes una conciencia agradecida y coherente del don recibido, y suscite en muchos jóvenes una respuesta pronta y generosa a su llamada a entregarse sin reservas por la causa del Evangelio. De ello se beneficiarán los hombres y mujeres de nuestro tiempo, tan necesitados de sentido y de esperanza. De ello se alegrará la comunidad cristiana, que podrá afrontar con confianza las incógnitas y desafíos del tercer Milenio que ya está a las puertas.

Que la Virgen María acoja este testimonio mío como una ofrenda filial, para gloria de la Santísima Trinidad. Que la haga fecunda en el corazón de los hermanos en el sacerdocio y de tantos hijos de la Iglesia. Que haga de ella una semilla de fraternidad también para quienes, aun sin compartir la misma fe, me hacen con frecuencia el don de su escucha y del diálogo sincero.

Roma, columnata de Bernini y cúpula de San Pedro.

APENDICE

Letanías de Nuestro Señor Jesucristo Sacerdote y Víctima

Kyrie, eleison	*Kyrie, eleison*
Christe, eleison	*Christe, eleison*
Kyrie, eleison	*Kyrie, eleison*
Christe, audi nos	*Christe, audi nos*
Christe, exaudi nos	*Christe, exaudi nos*
Pater de caelis, Deus,	*miserere nobis*
Fili, Redemptor mundi, Deus,	*miserere nobis*
Spiritus Sancte, Deus,	*miserere nobis*
Sancta Trinitas, unus Deus,	*miserere nobis*
Iesu, Sacerdos et Victima,	*miserere nobis*
Iesu, Sacerdos in aeternum secundum ordinem Melchisedech,	*miserere nobis*
Iesu, Sacerdos quem misit Deus evangelizare pauperibus,	*miserere nobis*
Iesu, Sacerdos qui in novissima cena formam sacrificii perennis instituisti,	*miserere nobis*
Iesu, Sacerdos semper vivens ad interpellandum pro nobis,	*miserere nobis*

97

Iesu, Pontifex quem Pater unxit
Spiritu Sancto et virtute, *miserere nobis*
Iesu, Pontifex ex hominibus
assumpte, *miserere nobis*
Iesu, Pontifex pro hominibus
constitute, *miserere nobis*
Iesu, Pontifex confessionis nostrae, *miserere nobis*
Iesu, Pontifex amplioris prae
Moysi gloriae, *miserere nobis*
Iesu, Pontifex tabernaculi veri, *miserere nobis*
Iesu, Pontifex futurorum bonorum, *miserere nobis*
Iesu, Pontifex sancte, innocens
et impollute, *miserere nobis*
Iesu, Pontifex fidelis et misericors, *miserere nobis*
Iesu, Pontifex Dei et animarum zelo
succense, *miserere nobis*
Iesu, Pontifex in aeternum perfecte, *miserere nobis*
Iesu, Pontifex qui per proprium
sanguinem caelos penetrasti, *miserere nobis*
Iesu, Pontifex qui nobis viam
novam initiasti, *miserere nobis*
Iesu, Pontifex qui dilexisti nos et lavisti
nos a peccatis in sanguine tuo, *miserere nobis*
Iesu, Pontifex qui tradidisti temetip-
sum Deo oblationem et hostiam, *miserere nobis*
Iesu, Hostia Dei et hominum, *miserere nobis*
Iesu, Hostia sancta et immaculata, *miserere nobis*
Iesu, Hostia placabilis, *miserere nobis*
Iesu, Hostia pacifica, *miserere nobis*
Iesu, Hostia propitiationis et laudis, *miserere nobis*
Iesu, Hostia reconciliationis et pacis, *miserere nobis*

Iesu, Hostia in qua habemus fiduciam
    et accessum ad Deum,   *miserere nobis*
Iesu, Hostia vivens in saecula
    saeculorum,   *miserere nobis*
Propitius esto!   *parce nobis, Iesu*
Propitius esto!   *exaudi nos, Iesu*
A temerario in clerum ingressu,   *libera nos, Iesu*
A peccato sacrilegii,   *libera nos, Iesu*
A spiritu incontinentiae,   *libera nos, Iesu*
A turpi quaestu,   *libera nos, Iesu*
Ab omni simoniae labe,   *libera nos, Iesu*
Ab indigna opum ecclesiasticarum
    dispensatione,   *libera nos, Iesu*
Ab amore mundi eiusque vanitatum,   *libera nos, Iesu*
Ab indigna Mysteriorum
    tuorum celebratione,   *libera nos, Iesu*
Per aeternum sacerdotium tuum,   *libera nos, Iesu*
Per sanctam unctionem,
    qua a Deo Patre in sacerdotem
    constitutus es,   *libera nos, Iesu*
Per sacerdotalem spiritum tuum,   *libera nos, Iesu*
Per ministerium illud,
    quo Patrem tuum super
    terram clarificasti,   *libera nos, Iesu*
Per cruentam tui ipsius immolationem
    semel in cruce factam,   *libera nos, Iesu*
Per illud idem sacrificium in altari
    quotidie renovatum,   *libera nos, Iesu*
Per divinam illam potestatem,
    quam in sacerdotibus tuis
    invisibiliter exerces,   *libera nos, Iesu*

Ut universum ordinem sacerdotalem in
sancta religione conservare digneris,   *Te rogamus,*
audi nos

Ut pastores secundum
cor tuum populo tuo
providere digneris,   *Te rogamus, audi nos*

Ut illos spiritus sacerdotii tui
implere digneris,   *Te rogamus, audi nos*

Ut labia sacerdotum scientiam
custodiant,   *Te rogamus, audi nos*

Ut in messem tuam operarios
fideles mittere digneris,   *Te rogamus, audi nos*

Ut fideles mysteriorum
tuorum dispensatores
multiplicare digneris,   *Te rogamus, audi nos*

Ut eis perseverantem in tua
voluntate famulatum
tribuere digneris,   *Te rogamus, audi nos*

Ut eis in ministerio
mansuetudinem, in actione
sollertiam et in orationem
constantia concedere
digneris,   *Te rogamus, audi nos*

Ut per eos sanctissimi
Sacramenti cultum ubique
promovere digneris,   *Te rogamus, audi nos*

Ut qui tibi bene ministraverunt,
in gaudium tuum suscipere
digneris,   *Te rogamus, audi nos*

Agnus Dei,
qui tollis peccata mundi,   *parce nobis, Domine*

Agnus Dei,
   qui tollis peccata mundi,   *exaudi nos, Domine*
Agnus Dei,
   qui tollis peccata mundi,   *miserere nobis, Domine*
Iesu, Sacerdos,   *audi nos*
Iesu, Sacerdos,   *exaudi nos.*

Oremus

Ecclesiae tuae, Deus, sanctificator et custos, suscita in ea per Spiritum tuum idoneos et fideles sanctorum mysteriorum dispensatores, ut eorum ministerio et exemplo christiana plebs in viam salutis te protegente dirigatur. Per Christum Dominum nostrum. Amen.

Deus, qui ministrantibus et ieiunantibus discipulis segregari iussisti Saulum et Barnabam in opus ad quod assumpseras eos, adesto nunc Ecclesiae tuae oranti, et tu, qui omnium corda nosti, ostende quos elegeris in ministerium. Per Christum Dominum nostrum.

Amen.

INDICE

103

Ilustraciones